AF224801

MESURES A PRENDRE

A L'OCCASION DES

INCENDIES DE FORÊTS

RAPPORT

PRÉSENTÉ

A SON EXCELLENCE LE GOUVERNEUR GÉNÉRAL DE L'ALGÉRIE

AU NOM DE LA

COMMISSION DU CONSEIL DE GOUVERNEMENT

ALGER

TYPOGRAPHIE BASTIDE

SEPTEMBRE 1866

MESURES A PRENDRE

A L'OCCASION DES

INCENDIES DE FORÊTS

RAPPORT

PRÉSENTÉ

A SON EXCELLENCE LE GOUVERNEUR GÉNÉRAL DE L'ALGÉRIE

AU NOM DE LA

COMMISSION DU CONSEIL DE GOUVERNEMENT

ALGER

TYPOGRAPHIE BASTIDE

SEPTEMBRE 1866

RAPPORT

AU CONSEIL DE GOUVERNEMENT.

MESURES A PRENDRE

A RAISON DES INCENDIES DE FORÊTS DE CHÊNES-LIÉGE.

Une Commission composée, sous la présidence de M. le Secrétaire général du Gouvernement, de M. l'Inspecteur général des
Finances, de M. le Chef du Bureau politique et de votre Rapporteur, à laquelle a été adjoint comme Secrétaire avec voix consul-
tative, M. l'Inspecteur des forêts de la circonscription de Philippe-
ville, a été chargée par Son Excellence Monsieur le Maréchal
Gouverneur Général de réviser et de soumettre à l'appréciation
du Conseil de Gouvernement, l'ensemble des propositions formulées
par une autre Commission instituée à Constantine, à l'effet de
réparer les dommages occasionnés par les incendies de 1863 et
de 1865 aux concessionnaires de forêts de chênes-liége, et d'en
prévenir, autant que possible, le retour.

Je vais avoir l'honneur de rendre compte au Conseil du résultat
de nos délibérations, qui ont embrassé, à la fois, les travaux de
Constantine (pièce ci-jointe n° 1), et les observations auxquelles ils
ont donné lieu de la part des concessionnaires (pièces n°ˢ 2 et 3).

INDEMNITÉS OU DÉDOMMAGEMENTS.

1° La première mesure, tout naturellement indiquée par les termes de l'article 75 du cahier des charges des concessions, consiste à accorder aux concessionnaires incendiés une réduction de la redevance fixe par hectare, pour une quotité et une durée, exactement proportionnées à la réduction de leur jouissance.

La Commission de Constantine, après avoir établi dans son rapport (pièce n° 1, pages 41 et suivantes), qu'en droit strict les concessionnaires ne peuvent prétendre qu'à ce seul dédommagement, a, néanmoins, émis l'avis que des considérations d'humanité et d'intérêt politique conseillent de leur en accorder d'autres. Mais elle ne s'est pas expliquée avec une précision suffisante, soit sur le choix de ces indemnités supplémentaires, soit sur la mesure de leur application.

2° De notre côté, nous serons plus explicites. Il est constant, à nos yeux, d'une part, que les incendies de 1863 et de 1865 ont pris des proportions et occasionné des dommages qui ont dépassé toutes les prévisions ; d'autre part, que l'État n'est pas moins intéressé que les concessionnaires à relever, au moyen de quelques sacrifices et même, au besoin, de sacrifices considérables, les exploitations de liége, qui forment l'un des principaux éléments de la richesse future de la Colonie.

Par ces motifs, qui nous paraissent assez puissants pour déterminer le Gouvernement à se départir, dans la circonstance actuelle, de l'exercice rigoureux de son droit, nous demandons, non pas qu'on rembourse aux concessionnaires (ainsi que beaucoup d'entr'eux le voudraient) la valeur des récoltes dont ils se trouvent privés par le fait des incendies, mais qu'on leur tienne compte, en déduction de la redevance dûe à l'État, de la portion de leur capital qui a été appliquée, en pure perte, aux parties de forêts incendiées, et des nouvelles dépenses à faire, à bref délai, en travaux de recépage et de démasclage pour remettre lesdites parties de forêts à l'état de production.

Les pièces n°ˢ 6 et 7 annexées au présent rapport indiquent et justifient les chiffres afférents à ces trois dédommagements, aussi bien que celui de la réduction de redevance à accorder par application de l'article 75 du cahier des charges.

3° Indépendamment de ces dédommagements directs, nous pensons, ainsi que le Conseil le verra ci-après, qu'il est opportun d'en attribuer indirectement plusieurs autres, d'une importance beaucoup plus considérable encore, en exonérant les concessionnaires de la plupart des charges de leur marché actuel.

MESURES PRÉVENTIVES ET PRÉSERVATRICES.

D'accord avec la Commission de Constantine, et à raison des considérations très-justes développées dans son rapport (pièce n° 1, pages 53 à 85), nous estimons que, pour assurer à l'avenir la sécurité du sol forestier et le garantir le mieux possible contre les chances de nouveaux incendies, il est indispensable d'adopter, dans leur ensemble, les dispositions suivantes :

1° Afin d'enlever aux populations indigènes tout intérêt et tout prétexte aux incendies nuisibles, racheter tous les droits d'usage et toutes les enclaves qu'elles possèdent dans les forêts de l'État, en leur attribuant, en échange, des parties de forêts à prélever, selon les circonstances, sur les massifs domaniaux disponibles, ou sur les lots déjà concédés ; — pour, les dites parties, être érigées en bois communaux soumis au régime forestier ;

2° Réglementer l'usage du feu, tant pour améliorer le pâturage ou la culture dans les terrains garnis de broussailles attribués aux indigènes, que pour débroussailler les forêts communales ou domaniales, sur les points et dans les limites où l'incinération des broussailles sur pied aura été reconnu nécessaire et sans inconvénients ;

3° La broussaille étant à la fois le but, la cause, l'aliment propagateur et le danger des incendies dans les forêts, favoriser autant que possible le débroussaillement, et le rendre obligatoire dans certaines limites, en le substituant aux autres travaux actuellement imposés aux concessionnaires ;

4° Réviser le cahier des charges des exploitations de liége dans le sens des indications qui précèdent, comme aussi d'une plus large liberté d'action à accorder aux exploitants ;

5° Assurer par des associations syndicales la surveillance des forêts, ainsi que l'exécution des travaux de préservation d'intérêt collectif, et provoquer à cet effet un décret impérial qui range les travaux de défense commune contre les incendies de forêts au nombre de ceux pouvant donner lieu, d'après la loi du 21 juin 1865, à la formation de syndicats dits *autorisés ;*

6° Modifier certaines dispositions du code forestier, pour établir, en Algérie, un régime spécial qui soit en harmonie, tant avec les nouvelles mesures projetées, qu'avec le milieu général et exceptionnel dans lequel il est appelé à fonctionner.

Outre les propositions qui viennent d'être énumérées, il en est trois autres qui nous paraissent également nécessaires, mais que la Commission de Constantine a omises ou n'a pas présentées en des termes entièrement conformes à notre manière de voir. Les voici formulées telles que nous les comprenons :

7° Dans le but de faciliter les exploitations forestières et d'en augmenter la sécurité par la présence d'une population fixe, aviser aux moyens de les entourer de villages dont les habitants, désignés par les concessionnaires eux-mêmes, recevraient de l'Administration, après un certain temps d'épreuve, un lot de terrain en toute propriété. A cet effet, comme aussi afin de donner à l'Administration la possibilité d'opérer, en toute circonstance, le rachat des enclaves et des droits d'usage, stipuler que chaque concession actuellement existante sera soumise au prélèvement d'une partie de sa superficie ;

8° Interdire le pâturage, d'une manière générale et absolue, dans les parties de forèts incendiées, pendant le délai de cinq ans, nécessaire pour remettre les massifs à l'état de défensabilité ;

9° Enfin maintenir, pour les cas d'incendies nouveaux, la responsabilité collective des tribus, mais à l'égard du Gouvernement seulement, et sans que les tiers intéressés soient autorisés, en aucune circonstance, à en révendiquer personnellement les effets, ce qui leur serait toujours plus nuisible que profitable.

Toutes les mesures, soit de réparation, soit de préservation, que j'ai indiquées jusqu'à présent, votre Commission a été unanime à en reconnaître la convenance et la nécessité.

Unanimement aussi elle a pensé que le décret à provoquer relativement aux associations syndicales pouvait être rédigé conformément au projet ci-annexé (pièce n° 4) ; et que l'étude concernant la modification du code forestier ne pouvait être utilement entreprise qu'après la solution définitive des diverses questions pendantes.

Mais elle s'est divisée sur le choix du mode à adopter pour réaliser en fait toutes celles de ses autres propositions dont le simple énoncé ne fournissait pas par lui seul un élément suffisant de décision.

A cet égard, deux projets différents ont été produits. Je vais présenter successivement l'analyse de chacun d'eux et les appréciations qui en ont été faites.

PREMIER PROJET.

Ce projet, exposé et motivé d'une manière très-circonstanciée par les pièces n°ˢ 5, 6 et 7 annexées au présent rapport, consiste à maintenir les exploitations de chênes-liége sous le régime actuel du bail de 90 ans, mais avec un nouveau cahier des charges considérablement simplifié.

Votre rapporteur, qui en est l'auteur, s'est efforcé d'en compléter la justification, auprès de la Commission, par les observations suivantes que je reproduis textuellement :

« Les concessions incendiées sont au nombre de 13 ;

« Elles comprennent une superficie totale de 52,585 hectares ;

« Elles renferment un nombre total de 8,908,530 arbres (169 par hectare) ;

« Elles sont soumises à une redevance fixe par hectare, dont le montant, totalisé pour toute la durée du bail, s'élève à 13,338,389 francs (253 fr. par hectare).

« Ces chiffres se décomposent ainsi qu'il suit :

« *Parties incendiées.*

			Superficie correspondante.	
« Arbres morts	. .	3,318,478		18,779 hect.
« Arbres survivants		1,539,422	id.	8,833
		4,857,900	id.	27,612

« *Parties non incendiées.*

« Arbres.	. . . . .	4,050,630	id.	24,973
« Totaux égaux.	. .	8,908,530	id.	52,585 hect.

« Les concessionnaires incendiés recevront, par imputation sur leur dette totale de 13,338,389 francs, les remises suivantes :

« 1° Diminution prop^elle sur la redevance (art. 75)   941,565 fr.

« 2° Perte sur le capital dépensé.   1,035,343

« 3° Nouvelles dépenses de récépages.   663,696

« 4° Nouvelles dépenses de démasclages   153,940

Total des remises. . . .   2,794,544 fr.

« La dette totale de 13,338,389 francs se trouvera réduite ainsi à 10,543,845 francs, ce qui ne représente plus qu'une moyenne de 200 francs par hectare, au lieu de la moyenne actuelle de 253 francs.

« Indépendamment de la remise de 2,794,544 francs, qui vient d'être indiquée, les concessionnaires jouiront de l'exonération de diverses dépenses imposées par le cahier des charges actuellement en vigueur, qui, pour les 52,585 hectares, représentent approximativement les chiffres ci-après :

« 1° Frais de plans (article 10).	68,360 fr.
« 2° Reboisements (article 23).	2,366,325
« 3° Débroussaillements (articles 5, 11 et 12) 1,717ʰ74ᵃ, à 200 francs l'hectare. . .	343,548
« 4° Essartements (art. 11) 77ʰ10ᵃ, à 30ᶠ l'hect.	2,313
« 5° Construction et entretien de baraques pour le service forestier (article 54), à raison de 4,500 francs par concession. . . .	58,500
« 6° Fourniture et transport du bois de chauffage des gardes (article 55), à raison de 9,000 fr. par concession.	117, 000
« 7° Redevance sur les bois d'œuvre (article 48), en bloc : 20 francs par hectare. . .	1,051,700
Total.	4,007,746
Report des remises. . .	2,794,544
« Total général des remises et exonérations de charges...	6,802,290 fr.

« Ne sont pas compris dans l'énumération qui précède, diverses autres charges également supprimées, non plus que d'importants avantages nouveaux, attribués aux concessionnaires, tels que :

« Libre exercice des droits de culture, pâturage, chasse et pêche ;

« Primes au débroussaillement imputables sur la redevance, et pouvant aller jusqu'à l'éteindre complètement, au grand profit de la sécurité et de la bonne exploitation des forêts ;

« Enfin substitution d'une liberté complète à toutes les dispositions qui entravaient, plus ou moins, l'action et le crédit des concessionnaires.

« On a vu plus haut que les 52,585 hectares renferment 8,908,530 arbres, soit une moyenne de 169 arbres par hectare.

« D'après le Comité des concessionnnaires eux-mêmes (pièce n° 2, pages 15 et 158), chaque arbre mis à l'état de production fournit, pour la première récolte, un revenu net de 2 fr. 25 cent.

« A ce taux, la première récolte d'un hectare (169 arbres) donne un revenu net de 380 fr. 25 cent. pour l'ensemble de la période de 9 ans à laquelle elle s'applique, soit 42 fr. 25 cent. par an.

« Ce n'est là, très-certainement, qu'un minimum ; car personne ne conteste que les produits doivent présenter une large progression ascendante pour chacune des récoltes ultérieures.

« Quoiqu'il en soit, en adoptant invariablement, une fois pour toutes, le chiffre de 42 fr. 25 cent. par hectare et par an, on arrive aux résultats suivants :

ÉTAT DES CONCESSIONS.	NOMBRE d'hecta- res.	PRODUIT par an.	NOMBRE d'an- nées produc- tives.	PRODUITS totalisés jusqu'à la fin du bail.	OBSERVATIONS.
	h.	fr.		fr.	Les chiffres ci-contre sont exclusivement applicables au produit du liége, sans mentionuer en aucune manière les autres produits des forêts, tels que bois-d'œuvre, culture, pâturage, etc.
Parties non incendiées.	24,973	1,055,109	80	84,408,720	
Parties incendiées..... (arbres survivants).	8,833	373,194	70	26,123,580	
Parties incendiées. .... (arbres morts).	18,779	793,412	50	39,670,600	
Totaux.........	52,585	2,221,715		150,202,900	

« Tous ces avantages réunis sont assurés aux concessionnaires, sans autre charge que celle de payer à l'État, à des époques fort éloignées, une somme capitale de 10,543,845 francs, qu'il leur est même facultatif de transformer en entier en travaux de débroussaillement.

« Formulé sur de semblables données, le projet proposé est em-

preint d'une libéralité tellement large qu'on peut, ce semble, consi-
dérer comme certain que s'il est soumis à leur adhésion tous les
intéressés s'empresseront de l'accepter avec gratitude. »

M. l'Inspecteur Général des finances s'est prononcé, comme votre
Rapporteur, pour le maintien des exploitations de chênes-liége sous
le régime de la concession emphytéotique, avec un nouveau cahier
des charges notablement allégé. Mais il n'a adhéré que partiellement
aux dispositions du projet, qui lui a paru attribuer aux concessionnaires une trop complète indépendance. Son opinion est consignée
dans une note qu'il a rédigée lui-même, et dont voici le contenu :

« L'Inspecteur Général des finances, appelé à faire connaître son
avis sur la suite à donner aux réclamations formées par les concessionnaires de chênes-liége incendiés ;

« Estime qu'il y a lieu de prendre les mesures suivantes :

« Indemniser les concessionnaires incendiés au moyen de remises
sur les redevances qu'ils doivent à l'État ;

« Encourager les débroussaillements nécessaires, en accordant
des remises sur les redevances, en y comprenant même des primes
pour accélérer le travail ;

« Pratiquer des tranchées pour isoler les massifs ;

« Régler l'emploi du feu dans cette opération ;

« Affranchir les forêts de tous droits d'usage, sauf l'obligation de
fournir aux indigènes les bois, perches et broussailles dont ils ont besoin pour la construction de leurs gourbis ou de leurs instruments
aratoires ;

« Affecter une partie des forêts concédées à la création de centres
de population et à la dotation des ouvriers forestiers ayant rendu de
bons services pendant un certain nombre d'années ;

« Mettre les concessionnaires à même de recourir au crédit, en af-
fectant à des emprunts, soit le droit de concession, soit la récolte des
liéges et bois affranchis de redevances ;

« S'entendre avec eux pour le défrichement des parcelles peu boi-
sées, pouvant être converties avec avantage en terres de culture ;

« Organiser des associations syndicales pour la défense du feu ;
créer une institution de gardes-feu ;

« Laisser subsister, dans la limite des droits de l'Etat, le principe de la responsabilité des communes et des tribus ;

« Interdire le pacage dans les massifs incendiés ; ne permettre qu'avec l'assentiment de l'autorité la vente de bois provenant d'incendies ;

« Modifier aussi libéralement que possible le cahier des charges, mais maintenir les dispositions des articles ci-après (édition de 1865) :

« 27 à 33 concernant l'aménagement de la forêt ;

« 35 à 40   id.   l'exploitation du liége ;

« 41 à 45   id.   la culture et la régénération de la forêt ;

« 51 à 55   id.   les travaux d'exploitation ;

« 69 à 72   id.   les charges accessoires ;

« 80 à 83 et 88 concernant les sanctions, pénalités et garanties de l'exploitation.

« Ces mesures sont de nature à rendre aux concessionnaires la sécurité et la confiance ; mais elles ne sauraient être étendues plus loin, sans compromettre gravement les intérêts de l'Etat.

« Une vente aux concessionnaires constituerait un amoindrissement de la richesse territoriale ; elle devrait avoir lieu de gré à gré, mode réprouvé par les réglements ; enfin, elle ne trouverait d'acquéreurs qu'à de vils prix.

« Une concession à charge de jouir *en bon père de famille*, en stipulant un certain nombre de réserves, exposerait l'État à des abus de jouissance et ne présenterait aucune garantie pour la conservation et l'amélioration des forêts. »

M. le président a combattu les conclusions de la note précédente en faisant remarquer à M. l'Inspecteur général que si le nouveau cahier des charges reproduisait les nombreuses restrictions demandées par lui, la position actuelle des concessionnaires ne serait pas améliorée dans une mesure suffisante.

Loin d'adresser, de son côté, de semblables critiques au projet de votre Rapporteur, M. le Président en a, au contraire, approuvé l'esprit très-libéral, en ajoutant qu'il n'hésiterait pas à l'adopter personnellement dans son ensemble, s'il était décidé que les exploitations de liége dussent être maintenues sous le régime du bail de 90 ans.

Mais il a pensé que pour pourvoir le mieux possible aux nécessités de la situation, il fallait user d'une libéralité plus grande encore, et transformer les concessions en aliénations définitives, conformément aux dispositions du nouveau projet ci-après.

DEUXIÈME PROJET

Ce projet, auquel M. le chef du bureau politique a donné son adhésion, a été exposé par M. le Président, dans les termes suivants :

« Par décrets successivement rendus de 1849 à 1862, l'État a concédé pour quatre-vingt-dix ans l'exploitation de forêts de chênes-liége situées dans les provinces de Constantine et d'Alger.

« Une somme évaluée par les concessionnaires à 11 millions, et par le service des forêts à 5 millions, a été consacrée à ces exploitations.

« Des incendies considérables ont, à diverses reprises, porté les ravages parmi les forêts concédées, et, depuis ces dernières années, ils ont surtout causé des dommages dans les forêts démasclées.

« Que vont devenir ces concessions? Les concessionnaires sont-ils en mesure de continuer leurs exploitations aux conditions du cahier des charges actuel? Évidemment non! Ils sont hors d'état de supporter de nouvelles dépenses; fussent-ils en état de les supporter, ils n'y consentiraient pas, à raison des risques qu'ils ont à courir, en face des conditions onéreuses du cahier des charges actuel. Il faut donc sortir d'embarras par de nouvelles mesures.

« M. le rapporteur propose des modifications radicales au cahier des charges. Il espère que ces modifications seront de nature à engager les concessionnaires à reprendre leurs opérations sur les bases qu'il indique.

« Nous pensons que ces modifications, si radicales qu'elles soient, ne sont pas encore suffisantes ; qu'elles ne détermineront pas les concessionnaires à faire de nouveaux sacrifices d'argent; qu'elles offrent des inconvénients sérieux au point de vue de l'État.

« Le premier et le plus grave de ces inconvénients, c'est de perpétuer la situation actuelle, tout en amoindrissant beaucoup, nous le reconnaissons, ses dangers ; c'est de laisser encore en face l'un de l'autre, avec des obligations réciproques difficiles à définir *en droit*, l'État et les concessionnaires ; c'est d'exposer l'État à de continuelles reprises d'instances gracieuses ou contentieuses, toutes les fois qu'un incendie se déclarera, et le cahier des charges n'est pas suffisant à prévoir et à empêcher ces incendies.

« Le second, c'est de n'être pas, selon nous, suffisamment déterminant pour amener les concessionnaires à la reprise de leurs travaux. Il exonère les concessionnaires de toute redevance, il leur garantit même, sous cette forme d'exonération, des subventions qui, en certains cas, peuvent être considérables. Mais il les laisse, en face d'éventualités redoutables, concessionnaires temporaires et révocables pour cause d'inexécution des conventions.

« On dira qu'ils ont la faculté de sous-louer, de céder leur bail ; qu'une concession de quatre-vingt-dix ans équivaut presque à la propriété.

« Nous répondons : En face des éventualités, la condition de révocation des concessions, qu'il vous est rigoureusement ordonné, par les dispositions des lois françaises existantes, de prescrire en cas d'inexécution du cahier des charges, suffit à vous enlever tout crédit, à ôter toute valeur aux conditions favorables du cahier des charges. Qu'importe que je puisse céder, si demain mon cessionnaire peut se voir révoquer, déposséder pour cause d'inexécution des conventions. On ne me prêtera pas.

« Un autre système nous paraît préférable. C'est celui qui dirait : L'exploitation des chênes-liége offre des chances de réussite très-belles, mais fait courir des dangers très considérables. La propriété seule, absolue dès aujourd'hui, peut donner un gage suffisant pour couvrir de tels risques. Elle vaudra ce qu'elle vaudra, au libre cours des intérêts débattus, de l'offre et de la demande. Mieux que tout cahier des charges, l'intérêt guidera le propriétaire dans la recherche des conditions de réussite et de solvabilité qu'il peut offrir, et l'État sera dégagé. Maintenant on dira : Mais si vous cédez tout gratuitement, vous sacrifiez l'intérêt de l'État ; si vous ne cédez pas tout gratuitement, vous exigerez un prix, et, par conséquent, vous obligez à un sacrifice d'argent ; au lieu d'aider les propriétaires, vous leur faites une situation pire, puisqu'il faudra s'acquitter dans des conditions moins favorables que le cahier des charges, et vous n'échappez pas à la clause résolutoire.

« Nous répondons : L'intérêt de l'Etat est d'attirer des capitaux en Algérie, d'y faire fructifier les opérations honnêtes, d'y voir accourir l'argent s'il est possible. Si le sacrifice que l'État fera devait avoir ce résultat, le résultat ne serait pas trop payé de la propriété cédée gratuitement.

« L'État n'a d'ailleurs concédé encore qu'une partie de ses forêts de chêne-liége. Ce qu'il perdrait en abandonnant la propriété de cette partie, il le retrouverait bien vite dans le succès de ses acquéreurs, dans le prix que ce succès donnerait à la portion qu'il aurait conservée.

« Mais le sacrifice ne sera pas absolument gratuit. D'abord le propriétaire, pour se garantir, sera obligé, ou par son intérêt propre, ou par les associations syndicales, au débroussaillement, c'est-à-dire à une dépense telle que, dans l'autre système, pour déterminer le concessionnaire à l'opérer, on va jusqu'à l'abandon total des redevances, c'est-à-dire à quelque chose qui approche beaucoup de la gratuité. De plus, quand l'impôt foncier sera établi, les forêts y seront soumises. Enfin, il est entendu, même avec les concessionnaires, que nous réservons :

« 1° La part à faire aux indigènes usagers ;

« 2° Les portions nécessaires pour établir, à travers ces vastes espaces sur lesquels jusqu'ici on avait cherché à conserver les arbres et à éloigner les habitants, une population de bûcherons et d'ouvriers qui aidera à les exploiter et à les défendre, par la plus puissante de toutes les actions, celle de l'intérêt personnel.

« Mais vous ne faites pas de distinction entre les incendiés et les non incendiés ?

« Nous répondons : Partant de ce point que ceux qui ont été totalement incendiés et qui ont fait toute la dépense que comporte l'exploitation, ont droit au traitement le plus favorable à attendre de l'État, par hypothèse : la cession gratuite de la totalité ou d'une très-grande partie de la concession, sauf les deux prélèvements ci-dessus, nous ajoutons que, pour ceux qui n'ont pas été incendiés, qui ne l'ont été que partiellement, ou qui n'ont pas fait toute la dépense, il est facile d'apprécier leur situation et de restreindre le sacrifice de l'État, l'abandon partiel, en faisant varier, s'il convient, le prélèvement ou le prix de vente, de façon qu'il soit toujours proportionnel à la perte éprouvée par le concessionnaire.

« Mais, prix de vente, abandon ou prélèvement ne seraient établis qu'après libre discussion avec chacun des concessionnaires intéressés, justifiant de l'étendue de ses pertes, de façon à établir une situation acceptée des deux parts. Il y a intérêt des deux côtés à en finir ; il y a donc certitude de trouver des deux côtés l'esprit de conciliation et d'arrangement à bref délai.

« Ces bases seraient proposées aux intéressés, discutées par eux, et, sur ces préliminaires généraux une fois adoptés, interviendraient des arrangements individuels, basés sur la différence des situations.

« En résumé, ce système aurait l'avantage de dégager absolument l'État d'une situation très difficile et qui peut chaque jour se représenter ; de donner, aux intérêts engagés dans les exploitations de chêne-liége, le plus grand de tous les excitans, la plus sûre de toutes les garanties, la base la plus large de crédit, la propriété !

« Cette solution, entrevue par les concessionnaires, acceptée depuis en principe par un certain nombre d'incendiés, nous paraît devoir être avant tout recommandée au Conseil de Gouvernement.

« Cependant nous laisserions dans notre système, aux concessionnaires, la faculté d'opter entre la propriété telle que nous l'offrons et le cahier des charges amendé. »

M. l'Inspecteur général des finances a combattu ce second projet, à raison des motifs exposés dans sa note ci-dessus transcrite.

De son côté, votre Rapporteur l'a également repoussé par diverses considérations dont voici la substance :

Par un rapport en date du 9 mars 1866, M. le général commandant la province de Constantine s'est prononcé formellement contre l'aliénation totale ou partielle des forêts domaniales de chênes-liége, en faisant remarquer qu'elles ont, dès à présent, une valeur très-considérable destinée à s'accroître jusqu'à représenter au minimum, dans la seule province de Constantine, un capital foncier de 320 millions et un revenu de 16 millions ; et qu'il sera sage de les conserver, comme moyen d'alléger, dans l'avenir, le budget des dépenses, et comme garantie du crédit public, qu'il importe d'assurer et de favoriser en Algérie.

Ce n'est là sans doute qu'une opinion individuelle ; néanmoins personne ne contestera qu'au lieu de l'écarter sans examen, il soit opportun, à raison de son origine et de son extrême gravité, d'en tenir sérieusement compte dans l'appréciation à faire, au double point de vue des concessionnaires et de l'État, du projet tout contraire formulé par M. le Président.

En ce qui concerne les concessionnaires, ce qui leur importe essentiellement, ce n'est pas d'obtenir une aliénation définitive, qui, pendant longtemps, n'était entrée ni dans leurs prévisions, ni dans leurs calculs, mais bien de trouver, dans la jouissance de leur bail, une plus grande liberté d'action et surtout des facilités de crédit, doublement entravées aujourd'hui par les charges trop onéreuses et par les prohibitions formelles auxquelles ils sont assujettis.

Or, pour réaliser cette situation nouvelle, il suffit, en maintenant les baux de 90 ans, de modifier, conformément au projet n° 1, le cahier des charges qui les régit.

L'un des concessionnaires incendiés, M. du Prat, résumait ainsi qu'il suit l'expression de ses vœux à cet égard, dans les conclusions d'un mémoire imprimé adressé, il y a quelques jours, à S. Exc. M. le Maréchal Gouverneur général :

« Nous espérons une juste réparation *pour le passé* ; nous attendons, pour *l'avenir,* un projet de cahier des charges générales, court, d'une application facile, basé sur ce principe simple et fécond, par rapport aux concessionnaires : *jouir en bon père de famille* ; enfin un projet qui puisse amener un cahier des charges qui soit le *dernier,* et faire cesser un état de choses précaire, si nuisible au crédit public et particulier. Une telle œuvre sera un des grands bienfaits de votre gouvernement, et nous vous en aurons, en particulier, la plus vive reconnaissance. »

Le nouveau cahier des charges, tel qu'il est proposé par le projet n° 1, a donné d'avance complète satisfaction au pétitionnaire, en allant même beaucoup au-delà de ses espérances ; et, d'avance aussi, il a répondu à toutes les objections que lui oppose le projet n° 2.

En effet, ce cahier des charges attribue au concessionnaire (art. 3 et 4) une liberté pareille, à peu de chose près, à celle attribuée à l'acquéreur ;

Il crée (art. 4) des facilités de crédit aussi grandes, et même beaucoup plus grandes que celles qui résulteraient d'une aliénation ;

Il ne stipule (art. 14 et 16) de clauses résolutoires que pour deux cas seulement, à raison desquels la déchéance devrait nécessairement être également stipulée dans le contrat d'aliénation ;

Il détermine (art. 22), pour les éventualités d'incendies nouveaux, une situation aussi nette, aussi exempte de difficultés de toute nature que celle que l'on entend obtenir par l'aliénation ;

Enfin il confère au concessionnaire, par la prime au débroussaillement (art. 10), des immunités considérables, auxquelles l'acquéreur ne saurait prétendre ; ce qui, forcément, rendra toujours la concession beaucoup plus avantageuse que la vente.

Ainsi qu'on le verra bientôt, chacune des affirmations qui précèdent est de la plus rigoureuse exactitude.

En ce qui concerne l'État, on est fondé à reprocher d'abord, comme un inconvénient grave, au projet n° 2, de laisser supposer qu'afin de sortir au plus vite d'une situation qui lui paraît pleine de dangers pour lui-même, le Gouvernement est disposé à subir tous les sacrifices qui lui seront demandés, et à aller même, au besoin, jusqu'à l'abandon gratuit de la totalité des forêts concédées.

Si la proposition est admise telle qu'elle a été formulée, si l'on se borne, quant à présent, à poser vaguement le principe de la conversion des concessions en aliénations définitives, sans rien dire de plus précis, les études accomplies depuis un an, tant à Constantine qu'à Alger, pour préparer le règlement de cette délicate affaire, ne l'auront point rapprochée d'un seul pas de sa solution de fait ; car il est facile de prévoir qu'en renvoyant à une époque ultérieure et à des débats contradictoires, la fixation du quantum des superficies à abandonner définitivement, on exposera l'Administration, d'une manière certaine, à d'interminables contestations avec chacun des concessionnaires, et que l'accord ne pourra s'établir qu'à des conditions très-onéreuses pour l'État.

Dans ce système, celui des concessionnaires auquel les incendies ont fait éprouver les plus grands dommages, M. Martineau des Chesnetz, qui, d'après le premier projet (tableau ci-joint, n° 6), doit recevoir une indemnité de 832,261 francs, laissant à sa charge un reliquat de redevance de 672,703 francs, serait admis à conserver gratuitement la totalité de sa concession, qui est de 5,973 hectares, sauf le seul prélèvement destiné à faciliter le rachat des enclaves et des droits d'usage, ainsi que l'établissement de villages dans la forêt, prélèvement dont il n'y a pas à tenir compte, attendu que tous les concessionnaires sont disposés à y consentir sans indemnité, parcequ'il sera toujours plus que compensé par les avantages nouveaux qui en résulteront pour eux.

Finalement M. Martineau des Chesnetz, devenu propriétaire de sa forêt, serait complétement exonéré de la redevance de 1,504,965 fr. qu'il doit à l'État comme simple fermier, c'est-à-dire qu'on lui constituerait, aux frais du Trésor, une dotation de 1,504,965 fr., excédant de 404,965 francs le montant intégral de son capital social, qui, d'après sa propre déclaration, ne s'élève, intérêts compris, qu'à la somme de 1,100,000 francs.

On peut apprécier, par ce seul exemple relatif au concessionnaire dont la forêt a été le plus endommagée, les résultats que produirait le projet dans son application aux concessionnaires qui n'ont éprouvé que de faibles dommages, et à ceux qui n'en ont éprouvé aucun.

En conséquence des observations qui précèdent, le projet n° 2 semble ne pouvoir être approuvé qu'avec les amendements suivants :

1° Au lieu de différer la fixation des conditions des aliénations, on l'opérerait immédiatement, pour chaque concession, conformément aux indications fournies par le tableau ci-annexé, (pièce n° 6) ;

Tout concessionnaire incendié serait admis à recevoir, en toute propriété, jusqu'à concurrence de l'indemnité déterminée par la colonne 19 du tableau, une partie correspondante de la forêt, moyennant le prix par hectare indiqué par la colonne 14, qui représente sa valeur vénale calculée au minimum, puisque ce chiffre n'est autre que le montant totalisé de la redevance très-faible imposée par les baux actuels ;

Tout concessionnaire, incendié ou non, serait tenu d'abandonner gratuitement une partie de sa concession, limitée au dixième de la superficie totale, au maximum, pour faciliter le rachat des enclaves et des droits d'usage ainsi que la création de villages dans l'intérieur des forêts ;

Quant à la partie restante de chaque concession, tout concessionnaire, incendié ou non, aurait la faculté, soit de la délaisser, soit de l'acquérir moyennant le prix indiqué par la colonne 22 du tableau, et formant le reliquat de la redevance actuelle, déduction faite des réductions accordées à raison des incendies.

2° Tout concessionnaire devenu propriétaire serait tenu, sous peine de déchéance, de payer aux époques fixées, le prix stipulé, et, en outre, de délimiter, dans le délai de cinq ans, tout le pourtour de la forêt, par une tranchée d'une largeur de 50 mètres complétement débroussaillée, et essartée de tout bois sur une largeur de 10 mètres.

Ces stipulations, que le projet n° 2 voudrait éviter, sont aussi indispensables pour le cas d'aliénation que pour le cas de concession, ainsi que le reconnaissent eux-mêmes les concessionnaires, dont l'un , M. Bure, a exprimé à cet égard, sa pensée de la manière suivante dans un récent mémoire imprimé : « Est-ce à dire que la propriété doit être » donnée aux concessionnaires sans condition? Telle n'est pas notre » opinion. Un programme de travaux à exécuter pour la sécurité et » la mise en valeur serait fait ; et le concessionnaire régi par le cahier » des charges actuel ne deviendrait propriétaire qu'après la réalisa- » tion de ce programme. »

Telles sont les conditions les plus favorables qu'il soit possible d'offrir aux concessionnaires pour la conversion de leurs baux en aliénation définitive.

On objectera peut-être qu'en soumettant les concessionnaires à l'alternative, soit d'abandonner une partie considérable de leurs forêts, soit de l'acheter moyennant un prix total de 10,543,845 francs (tableau n° 6, colonne 22), dont ils ont la faculté de s'exonérer en acceptant purement et simplement le nouveau cahier des charges, et qu'en les assujettissant d'ailleurs à une clause résolutoire pour le paiement de ce prix comme pour l'exécution de certains travaux, on leur fait une situation moins bonne par la vente que par la concession.

Ce fait est incontestable, et en voici l'explication : c'est que, dans le système de la concession, après avoir consacré aux dédommagements relatifs aux incendies une somme de 2,794,544 francs sur la redevance totale de 13,338,389 francs, on a pu abandonner éventuellement les 10,543,845 francs restants, en vue de favoriser des travaux de débroussaillement à l'exécution desquels l'Etat n'est pas moins intéressé que les concessionnaires; tandis qu'au contraire, dans le système de la vente, il faut nécessairement que l'État retienne cette dernière somme de 10,543,845 francs, soit en forêts, soit en argent; car il n'y aurait aucune raison plausible de l'appliquer à des travaux entrepris au profit exclusif des acquéreurs.

Il résulte de ce rapprochement : 1° qu'en effet la concession, déclarée désormais librement susceptible de transfert et d'hypothèque, présente à tous les points de vue possibles, et notamment au point de vue décisif des facilités de crédit, un avantage très-marqué sur la vente réalisée dans les conditions indiquées ci-dessus comme seules acceptables au nom de l'État; 2° que les capitaux n'hésiteront pas à se porter sur des forêts louées pour 90 ans, grevées de charges éventuelles à échéances fort éloignées (voir le tableau n° 6, colonne 20), plutôt que sur des forêts *vendues,* mais grevées de charges certaines à échéances beaucoup plus prochaines; 3° enfin, que la plupart des objections opposées par le projet n° 2 au projet n° 1 retombent ainsi contre lui-même.

3 *

Cela étant, votre rapporteur a pensé que , conformément à ses propres appréciations, les concessionnaires eux-mêmes repousseront certainement l'aliénation pour donner la préférence au nouveau cahier des charges, qui leur assure les plus larges avantages pendant toute la durée du bail de 90 ans.

Les deux membres de la commission qui, en soutenant le second projet, ont surtout eu en vue de faire passer entre les mains des concessionnaires actuels tout ou partie de la propriété des forêts de chênes-liége dont ils jouissent en ce moment, ont présenté, en réponse aux objections que leur projet avait soulevées de la part de M. le Rapporteur, les observations suivantes :

« Sans contester la valeur de l'opinion émise par M. le Général commandant la province de Constantine, et l'intérêt qu'il y aurait pour les finances de l'Algérie, à posséder, dans un avenir donné, un capital de 320 millions et un revenu de 16 millions, ils se demandent : Quand ce capital se réalisera-t-il? Ce revenu est-il bien assuré? Ils rappellent que capital et revenu sont soumis tous deux aux plus redoutables éventualités ; que pour les obtenir il faudra une avance considérable.

« L'Etat est-il en mesure de faire cette avance ? Il n'en a jamais eu la pensée. A défaut de l'État qui la fera ?

« Les particuliers, sans doute, s'ils y trouvent leur intérêt, et parmi les particuliers, les concessionnaires qui sont peut-être plus disposés que d'autres à braver des risques, parcequ'ils courent, comme on dit vulgairement, après leur argent.

« Dès lors il ne s'agit plus, comme semble dire M. le Général commandant la province de Constantine, de conserver à tout prix à l'État une ressource future mais certaine ; il s'agit de rechercher par quel moyen on déterminera les concessionnaires ou d'autres à reprendre, sur les parties de forêts déjà concédées, les travaux qui rendront leur valeur à ces parties et dont profiteraient indirectement les parties gardées par l'État.

« Ce moyen, dit M. le Rapporteur, et ainsi se formule sa seconde objection, c'est le nouveau cahier des charges. Ce projet répond aux besoins, aux désirs des concessionnaires ; ils n'ont rien souhaité de plus. A l'appui de son opinion, M. le Rapporteur cite les vœux exprimés par M. du Prat.

« S'il en est ainsi ; si les concessionnaires d'une part, l'État de l'autre pensent que le nouveau cahier des charges satisfait à tous les intérêts, nous n'avons qu'à nous incliner ; mais dans le cas où il resterait quelque doute sur la question de savoir si l'État n'a pas plus d'avantage à vendre qu'à concéder, dans le cas où quelques concessionnaires désireraient la propriété préférablement à la concession, le vœu émis par M. du Prat n'aurait plus que la portée d'une opinion individuelle considérable et ne nous empêcherait pas d'aller au fond.

« Or, au fond que nous dit-on ?

« Au point de vue des concessionnaires, le cahier des charges nouveau offre des facilités de crédit égales, sinon plus grandes, à celles que donnerait la propriété, et des immunités plus considérables, car l'Etat, qui doit rentrer en possession de la forêt, peut faire au concessionnaire, en vue d'obtenir de lui le débroussaillement, des avantages qu'il lui serait impossible d'accorder à l'acquéreur.

« Examinons ces deux points de vue, les facilités d'abord, les immunités ensuite :

« Qu'accorde l'article 4 au concessionnaire ?

« Il lui octroie, sous la condition de jouir en bon père de famille, le droit d'aménager, d'exploiter et de cultiver la forêt, comme il lui conviendra ; de pratiquer toutes les cultures reconnues non nuisibles ; de faire exercer le pâturage par tous animaux, sauf les chèvres ; de jouir des droits de chasse et de pêche ; d'établir des immeubles pour l'habitation ou l'exploitation, que l'Etat se réserve de reprendre à la fin du bail ; enfin, de céder, transporter et hypothéquer tout ou partie de la concession, de la réunir à d'autres, de s'associer avec qui il conviendra au preneur.

« Quel est de tous ces avantages celui qui n'appartient pas au propriétaire ? La différence entre les deux situations, c'est que pour le concessionnaire chacun de ces droits est limité, d'un côté par l'obligation de jouir en bon père de famille, de l'autre, par l'exercice du droit de l'Etat bailleur, droit qui s'exercera tout au moins au moment de la reprise.

« Quant à la faculté de céder, d'hypothéquer, de réunir, d'associer, vous ne pouvez céder, hypothéquer, réunir, associer que ce que vous avez, c'est-à-dire un droit qui n'est pas absolu, qui peut être sans cesse limité, discuté, contenu par l'intervention du bailleur, lequel, dans l'intérêt de la conservation de la chose louée, peut se présenter à tous les instants d'une période de 80 ans.

« Le droit du propriétaire est absolu, au contraire. Le jour de la vente tout sera dit entre les concessionnaires anciens, devenus acquéreurs, et l'Etat, sauf, s'il y a lieu, paiement du prix, dont l'acquéreur peut se libérer de suite.

« Voyons maintenant les immunités.

« Elles consistent uniquement en abandons calculés et progressifs des redevances qui pourront être dues pendant la période de 80 ans. En vue du débroussaillement, ces abandons peuvent aller jusqu'à la suppression complète des redevances.

« Examinons quelle est, au point de vue des concessionnaires, la portée de ces avantages.

« L'Etat abandonne d'avance une chose qui ne lui est due qu'à terme et sous condition, qui peut, par conséquent, ne pas lui être due. Il fait libéralité d'une redevance qui peut être suspendue, annihilée dans tous les cas où le concessionnaire n'aurait pas la jouissance de la chose louée. Il fait cette libéralité hypothétique, laquelle suppose pour le concessionnaire une jouissance paisible, pour l'obliger à une dépense certaine, à des déboursés prévus, se réservant de rentrer en possession de la chose louée et de profiter des travaux d'amélioration.

« Nous persistons à penser que la propriété, même partielle, du capital-forêt offre des conditions plus avantageuses aux concessionnaires.

« Mais au point de vue de l'Etat? Est-il vrai que pour le sortir d'une situation difficile, nous paraissions disposés à lui conseiller tous les sacrifices qui lui sont demandés, que nous allions jusqu'à l'abandon gratuit des forêts concédées?

« M. le Rapporteur appuie à cet égard son argumentation par des chiffres. La concession Martineau des Chesnetz a 5,973 hectares : Elle devra 1,504,965 fr. de redevances en 80 ans ; dans le premier système, elle est exonérée de 832,000 fr. seulement ; dans le système de vente au contraire, elle sera exonérée de 672,000 fr. de plus, soit des 1,504,965 fr. qu'elle devait en totalité. Le sacrifice supporté par l'Etat dépassera de 400,000 fr. le capital engagé par la Compagnie, lequel n'est que de 1,100,000 fr.

« Voilà l'objection dans toute sa force.

« Nous y avons déjà répondu en partie. Les 1,110,000 fr. de capital de M. Martineau sont engagés dès aujourd'hui. Les 1,504,665 fr. ne seront dûs à l'Etat et par conséquent ne pourront être l'objet d'une libéralité de sa part, que dans l'hypothèse d'une jouissance paisible de 80 ans. Voilà qui dérange bien la proportionnalité des chiffres. Il faut encore remarquer que, pour avoir droit à ces 1,504,965 fr. ou plutôt à la faculté de ne pas les payer dans le cours de 80 ans, M. Martineau des Chesnetz, dans un système qui n'est pas le nôtre, qui n'est que l'exagération du premier système, devrait faire encore l'avance de toutes les dépenses de débroussaillement, dessouchement et délimitation de la forêt, prévues au nouveau cahier des charges.

« Nous pourrions répondre encore que le reproche d'abandon gratuit est commun aux deux systèmes. Dans le cas du débroussaillement, en effet, le cahier des charges prévoit la suppression de toutes les redevances, et cette stipulation est applicable à M. Martineau des Chesnetz. Entre la concession gratuite de 90 ans, et la tradition gratuite de la propriété, il n'y aurait pas, selon nous, grande différence pour l'Etat.

« On nous objecte bien qu'au bout de 90 ans l'Etat rentre en possession de la forêt. Nous craignons qu'il n'achète d'ici là ce résultat très-cher, s'il reste, en effet, sous le coup de l'obligation de faire jouir le concessionnaire de la chose louée. En admettant que dans notre système il cède gratuitement aujourd'hui la propriété, il est certain qu'en même temps, il s'exonère d'une charge très lourde, de l'obligation de faire jouir le preneur d'un bien exposé à tous les risques que court une forêt de chênes-liége.

« Mais d'ailleurs, le sacrifice de l'Etat n'est pas si gratuit qu'on le suppose ; la faveur qui serait faite aux concessionnaires devenant acquéreurs ne serait pas si désintéressée.

« Il est admis que deux prélèvements seront opérés dans tous les cas, l'un, au profit des indigènes usagers, l'autre, des populations ouvrières à introduire dans les forêts.

« Il est reconnu que les nouveaux propriétaires seront tenus de l'impôt foncier, le jour où il sera établi.

« Il est certain que si la vente, la transmission de propriété est avantageuse aux contractans, l'État verra se multiplier la demande et par conséquent s'élever la valeur de ses forêts ; qu'il compensera, par l'élévation du prix des portions restées dans ses mains, le sacrifice bien entendu de la partie aliénée.

« Il est évident, pour nous, qu'il aura ainsi obtenu l'avantage de ranimer la confiance dans les entreprises de forêts, de rétablir le courant des capitaux vers l'Algérie, et que ce résultat seul suffirait à légitimer son sacrifice en droit, et à constituer, en fait, *une bonne affaire.*

« Ajoutons, enfin, que l'État ne sera pas livré pieds et poings liés, que nous demandons la vente à *prix débattu*, et que nous entendons le débattre.

« Pour le raisonnement, et par hypothèse, nous étions partis, il est vrai, de ce point que, la propriété totale étant donnée au concessionnaire totalement incendié et ayant fait toutes les avances voulues, on traiterait avec les autres proportionnellement aux capitaux engagés et aux pertes subies ou à subir. Mais il est bien établi, dans notre pensée, que si la concession totale de la propriété à titre gratuit dépassait la limite des sacrifices que l'État peut s'imposer, un prélèvement proportionnel du sol de la forêt serait réservé par lui, après discussion avec les intéressés, et que si ces intéressés voulaient également acquérir cette portion réservée, le prix en serait également débattu contradictoirement.

« A tous les points de vue, donc, l'intérêt de l'État nous paraît suffisamment sauvegardé, et nous persistons dans la pensée de transférer aux concessionnaires la propriété de tout ou partie des forêts dont ils jouissent.

« Une dernière objection nous reste à examiner : Si vous vous bornez, nous dit-on, à poser vaguement le principe de la conversion des concessions en aléniations définitives, sans rien dire de plus précis, la question n'aura pas avancé d'un pas et vous exposez l'État à des contestations interminables.

« Les études passées, les études actuelles ont, selon nous, élucidé la question autant qu'elle peut l'être. Elle est mûre. Nous possédons pour fixer notre appréciation :

« 1° Le classement opéré à l'origine entre les concessions ;

« 2° Le montant des redevances ;

« 3° L'étendue des parties incendiées ;

« 4° L'évaluation contradictoire de dépenses faites, des capitaux engagés ;

« 5° Le nombre des arbres à l'hectare, les produits éventuels.

« Nous ne laisserons pas passer cette occasion de rendre hommage au zèle infatigable et aux connaissances spéciales de M. le Secrétaire de la Commission, au travail de M. le Rapporteur, qui ont à cet égard porté la lumière sur tous les points de la question.

« Nous avons enfin les observations des intéressés. Nous en provoquerons encore de nouvelles.

« Tous ces documents, tous ces chiffres, ou certains ou discutés, et par conséquent contrôlés, sont autant de bases fixes, sur lesquelles l'État peut asseoir une décison éclairée, au point de vue de son intérêt ou public ou privé.

« Mais à quoi bon dire d'avance son prix ? Si nous le fixons dès aujourd'hui, ce prix sera-t-il immuable ? Une fois nos bases déterminées, serons-nous inflexibles ? Qu'arrivera-t-il si les premiers acquéreurs refusent de traiter sur ces bases, et élèvent des objections ? Dirons-nous c'est à prendre ou à laisser ? Nous comprenons qu'on le dise dans le système du cahier des charges, dans la relation de concédant à concessionnaire, de bailleur à preneur. L'État, en amodiant son domaine, impose au preneur les conditions qui lui conviennent.

« Nous voulons faire davantage : Nous voulons que l'intérêt des acquéreurs soit d'accord avec celui de l'Etat ; nous voulons que cet intérêt les pousse à faire de nouvelles dépenses, à entraîner par leur exemple de nouveaux capitaux vers l'Algérie ; et voilà pourquoi nous voulons le libre jeu de l'offre et de la demande , la vente à prix débattu.

« Nous ne craignons pas de nous répéter : c'est là le résultat qu'il faut atteindre, non pas en jetant les forêts de chênes-liéges à la tête des concessionnaires, mais par une discussion libre et réfléchie, contradictoire, à l'issue de laquelle ils se puissent trouver propriétaires dans de bonnes conditions.

« Si nous faisons cela, nous aurons assez fait.

« En résumé :

« Nous proposons de décider que l'Etat transférera aux concessionnaires actuels de chênes-liéges, incendiés ou non incendiés, qui le demanderont, la propriété de ces forêts aux conditions suivantes :

« 1° Prélèvement en faveur des indigènes usagers ;

« 2° Prélèvement pour l'établissement d'une population ouvrière ;

« 3° Abandon gratuit d'une portion de la concession, proportionnelle aux risques d'incendie, aux avances faites, aux pertes éprouvées, aux nouveaux travaux à exécuter, à déterminer contradictoirement ;

« 4° Vente du reste à prix débattu.

« Ce seraient là des préliminaires. S'ils étaient adoptés, on traiterait séparément avec chacun des concessionnaires. Les tableaux et documents de toute nature joints au rapport, permettraient de statuer en pleine connaissance de cause. Mais nous avons pensé que, déterminer exactement la part à faire à chacun, c'était là une opération secondaire, et à laquelle il ne convenait de convier le Conseil que lorsque la question de principe serait décidée. »

Ainsi qu'on l'a vu par les analyses qui précèdent, aucun des deux projets n'a rallié la majorité. Par suite, M. le Président, renonçant à faire usage de sa voix prépondérante, a décidé qu'ils seraient soumis simultanément à l'examen du Conseil de Gouvernement, et qu'aucun d'eux ne serait défendu, au nom de la Commission, à l'exclusion de l'autre. En résumé, nous avons l'honneur de proposer au Conseil de vouloir bien :

D'une part.

Émettre l'avis qu'il y a lieu :

1° De racheter tous les droits d'usage et toutes les enclaves que les indigènes possèdent dans les forêts de l'État, en leur attribuant en échange, comme bois communaux, des parties de forêts à prélever, selon les circonstances, sur les massifs domaniaux disponibles ou sur les lots déjà concédés ;

2° De réglementer l'usage du feu, tant dans les broussailles abandonnées aux indigènes, que dans les forêts domaniales ou communales où ce mode de débroussaillement aura été reconnu sans inconvénient ;

3° D'établir, sur la lisière ou dans l'intérieur des forêts, des villages d'ouvriers, dont les habitants, désignés par les concessionnaires eux-mêmes, recevront de l'Administration, après un certain temps d'épreuve, un lot de terrain en toute propriété ;

4° De reprendre, au besoin, une partie de chaque concession, afin d'assurer, en toute circonstance, la création des villages, ainsi que le rachat des droits d'usage et des enclaves ;

5° De substituer des travaux de débroussaillement à tous les autres travaux actuellement imposés aux concessionnaires ;

6° D'interdire le pâturage, d'une manière générale et absolue, dans les parties de forêts incendiées, pendant le délai de cinq ans à partir de l'incendie ;

7° D'assurer, par des associations syndicales, la surveillance des forêts, ainsi que l'exécution des travaux de préservation d'intérêt collectif, et de provoquer à cet effet un décret organique conforme au projet ci-annexé (pièce n° 4) ;

8° De maintenir, pour les cas d'incendie, la responsabilité collective des tribus à l'égard du Gouvernement ;

9° De surseoir à l'étude des modifications à apporter, pour l'Algérie, au code forestier, jusqu'à ce qu'il ait été définitivement statué sur l'ensemble des propositions qui précèdent ;

D'autre part,

Délibérer sur chacun des deux projets présentés en vue d'amener l'application des diverses mesures ci-dessus indiquées, comme aussi de dédommager convenablement les concessionnaires dont les forêts ont été incendiées.

Le Conseiller de Gouvernement, rapporteur
de la Commission,

TESTU.

Alger, le 8 septembre 1866.

ANNEXES.

NOMENCLATURE DES PIÈCES ANNEXÉES AU RAPPORT.

Nᵒˣ 1. Rapport de la Commission de Constantine.

  2. Premier mémoire du Comité des concessionnaires.

  3. Deuxième mémoire du Comité des concessionnaires.

  4. Projet de décret sur les associations syndicales.

  5. Projet de nouveau cahier des charges.

  6. État à l'appui.

  7. Note justificative de cet état.

  8. Cahier des charges actuellement en vigueur.

  9. Projet de décret sur la conversion des concessions de chêne-liége en propriété définitive.

PIÈCE N° 1.

Rapport de la Commission de Constantine.

(Brochure séparée.)

PIÈCE N° 2.

Premier mémoire du Comité des concessionnaires.

(Brochure séparée.)

PIÈCE N° 3.

Deuxième mémoire du Comité des concessionnaires.

(Brochure séparée.)

PIÈCE N° 4.

Napoléon, etc.

Vu la loi du 21 juin 1865 sur les associations syndicales ;

Sur le rapport de notre Ministre Secrétaire d'État au département de la Guerre, d'après les propositions du Gouverneur général de l'Algérie,

Avons décrété et décrétons ce qui suit :

Article 1er.

Les travaux de défense et les mesures de police et de surveillance pour préserver des incendies les bois et forêts exploités en Algérie sont ajoutés à l'article 1er de la loi du 21 juin 1865, et seront l'objet d'associations syndicales autorisées dans les conditions prévues par l'article 9 de ladite loi.

Article 2.

Notre Ministre Secrétaire d'État au département de la Guerre et le Gouverneur général de l'Algérie sont chargés, chacun en ce qui le concerne, de l'exécution du présent décret.

PIÈCE N° 5.

Projet de décret et de cahier des charges relatifs aux concessions de chênes-liége en Algérie.

Napoléon, par la grâce de Dieu et la volonté nationale, Empereur des Français.

A tous présents et à venir, salut :

Sur le Rapport de notre Ministre Secrétaire d'État au Département de la Guerre, et d'après les propositions du Gouverneur Général de l'Algérie ;

Vu l'article 10 de notre décret du 10 décembre 1860 ;

Notre Conseil d'État entendu ;

Avons décrété et décrétons ce qui suit :

ART. 1er.

Le cahier des charges approuvé par notre décret du 28 mai 1862, pour régir les concessions de forêts de chênes-liége en Algérie, est abrogé et remplacé par le nouveau cahier des charges ci-annexé, à l'égard des titulaires actuels de ces concessions qui feront connaître leur adhésion dans un délai de six mois, à partir de la date du présent décret.

ART. 2.

En ce qui concerne spécialement les lots de chênes-liége incendiés en 1863 ou 1865, il sera fait remise aux concessionnaires du montant total de la redevance annuelle, jusqu'à concurrence et parfait remboursement des sommes indiquées au tableau ci-joint.

ART. 3.

Notre Ministre Secrétaire d'État au Département de la Guerre et le Gouverneur Général de l'Algérie sont chargés, chacun en ce qui le concerne, de l'exécution du présent décret.

Fait à   le

CAHIER DES CHARGES GÉNÉRALES POUR L'EXPLOITATION DES FORÊTS DE CHÊNES-LIÉGE CONCÉDÉES EN ALGÉRIE.

TITRE Ier

OBJET, NATURE ET DURÉE DE LA CONCESSION

ART. 1er.

Les concessions de forêts de chênes-liége en Algérie ont principalement pour objet la récolte du liége, accessoirement l'exploitation des autres essences et toute culture auxiliaire de celle du chêne-liége, le tout en se conformant aux clauses et conditions du présent cahier des charges.

ART. 2.

Elles sont faites pour une durée de quatre-vingt-dix ans consécutifs, à partir du 1er janvier de l'année qui suit la date de l'acte de concession.

ART. 3.

La concession est expressément consentie à charge, par le concessionnaire, de conserver et d'améliorer le domaine ; d'en user en bon père de famille ; de mettre, tenir et rendre en fin de bail la forêt dans le meilleur état possible d'exploitation et de rapport, pour un nombre minimum de chênes-liége qui sera fixé, dans chaque concession et dès l'origine, par une décision spéciale du Gouverneur Général de l'Algérie.

MOTIFS A L'APPUI.

A côté de l'objet principal des concessions, il convenait de mentionner ici les *cultures subsidiaires*, qui désormais pourront entrer dans le traitement des forêts de chênes-liége, par un système encore nouveau pour l'Algérie, mais emprunté à d'autres pays, et qui, éminemment favorable à l'exploitation du chêne-liége et à sa défense contre les incendies, ouvrira accessoirement une nouvelle source de produits,

Ce minimum d'arbres, déterminé d'après l'intérêt général du boisement pour le pays et les plus simples exigences d'une exploitation de liége, servira à la fois de limite et de règle aux obligations du concessionnaire, et à la liberté nouvelle d'user et de disposer, qui lui est accordée par l'article suivant, notamment en ce qui concerne l'exploitation, les cultures accessoires et le pâturage.

On comprend du reste qu'ainsi fixé, le chiffre minimum sera généralement inférieur à la consistance actuelle des peuplements, puisqu'il doit permettre d'y intercaler les cultures auxiliaires et préservatrices du chêne-liége.

TITRE II

JOUISSANCE

—

ART. 4.

Sous les clauses générales qui viennent d'être stipulées, le concessionnaire sera libre :

1° D'aménager, exploiter et cultiver la forêt comme il lui conviendra ;

2° De pratiquer toutes cultures dans les vides et enclaves dépendant du domaine forestier de l'État, et dans toutes les parties de la forêt qu'il aura débroussaillées, à l'exception toutefois de celles dont la mise en culture serait reconnue nuisible en raison de la consistance et de la déclivité du sol ;

3° D'exercer, pour tous animaux autres que les chèvres, les droits de pâturage, pacage, panage et glandée dans toute l'étendue de sa concession, distraction faite des parties provisoirement réservées aux usagers comme il sera dit ci-après, ainsi que de celles qui auraient été incendiées, et lesquelles seront interdites aux troupeaux jusqu'à la 6me année consécutive à l'incendie ;

4° De jouir des droits de chasse et de pêche en se conformant aux lois et règlements ;

MOTIFS A L'APPUI.

Au début des exploitations de chêne-liége en Algérie, leurs conditions naturelles et économiques, peu connues de la généralité des demandeurs en concession, avaient dû être formulées au cahier des charges, en règles propres à prévenir les erreurs.

Mais aujourd'hui qu'une expérience déjà avancée et plus générale a indiqué à chacun les meilleurs procédés à employer, il est devenu possible et convenable de rendre aux exploitations toute la liberté inhérente à la nature de leur marché, lequel, passé à l'état emphytéotique, doit avoir essentiellement pour effet de transférer au fermier l'entière jouissance de la forêt pendant 90 ans, à la charge de la mettre en valeur, et de la rendre, à la fin du bail, dans une situation déterminée.

Cette condition finale, qui importe seule à l'État propriétaire, trouvera une double et suffisante garantie, d'une part dans l'intérêt même du fermier à long terme, d'autre part dans les dispositions des articles 3 et 25, lesquelles rendent désormais superflue toute réglementation de détail.

La liberté du pâturage et de la culture constitue une importante innovation, qui a été demandée et motivée par la Commission de Constantine. (Voir son rapport pages 71 à 83).

L'article 45 du cahier des charges actuel ne réserve ces droits aux concessionnaires que sur leur demande et moyennant une redevance à déterminer.

5° D'établir, dans le périmètre concédé, tous bâtiments d'habitation ou d'exploitation qu'il jugera utiles, et que l'État aura la faculté de reprendre, à dire d'experts, à la fin du bail ;

6° De céder, transporter, hypothéquer ou engager, en tout ou en partie, sa concession, sous les conditions qui la régissent ; de la réunir, pour tout ou partie de son étendue ou de sa durée, à d'autres concessions de même nature ; enfin d'associer à son entreprise telles personnes qu'il jugera convenable.

TITRE III

REDEVANCE

—

ART. 5.

Le concessionnaire paie une redevance unique, annuelle et fixe par

MOTIFS A L'APPUI.

Cette redevance serait généralement insignifiante pour l'Algérie, où la chasse et la pêche fluviale n'ont pas encore de valeur locative.

D'ailleurs les baux d'un caractère emphytéotique emportent le droit de chasse, qui rentre dans le *domaine utile* concédé au fermier, et qui, pour le cas présent, ne saurait être accordé à d'autres personnes sans danger d'incendie accidentel, ni sans compromettre jusqu'à un certain point la responsabilité de l'État vis-à-vis du concessionnaire forestier.

Reproduction de l'article 46 du cahier des charges actuel, mais avec une extension que ne comportaient pas ses termes limitatifs, et qui est devenue nécessaire pour répondre aux nouvelles facilités de culture et de pâturage.

Les dispositions ci-contre répondent à l'une des plus vives et des plus légitimes aspirations des concessionnaires, en abrogeant les articles 73 et 74 de l'ancien cahier des charges qui leur interdisaient la faculté de disposer de leur concession sans l'autorisation préalable du Gouvernement.

En droit commun, le preneur d'un bail à long terme peut librement céder, transporter et engager sa jouissance, sous les conditions auxquelles elle lui est affermée. Plus spécialement, la loi du 23 mars 1855, promulguée en Algérie le 4 juillet suivant, soumet à la transcription hypothécaire les baux d'une durée supérieure à 18 ans, et par conséquent les a fait rentrer dans la catégorie des immeubles susceptibles de saisie et de cession, aussi bien que d'hypothèque.

Il est opportun, à tous les égards, de ne pas priver plus longtemps les concessionnaires de chênes-liége du bénéfice de ces principes généraux, afin de les mettre à même de réaliser les emprunts dont ils ont parfois besoin pour l'exécution de leurs travaux, et que les prohibitions actuelles rendent à peu près impossibles.

Devenue ainsi désormais, pendant toute sa durée de 90 ans, un gage certain, cessible et saisissable, la concession sera, au contraire, de nature à inspirer la plus grande confiance aux capitaux ; car elle constituera, pour les hommes de finances, l'équivalent d'une propriété définitive, sauf une différence très-légère et presque imperceptible.

La redevance annuelle est maintenue telle qu'elle existe aujourd'hui, à hectare concédé. Cette redevance est déterminée, selon la situation et la richesse de chaque forêt, conformément au tarif suivant :

CATÉGORIES	PENDANT LES PÉRIODES DE :							
	11 à 20	21 à 30	31 à 40	41 à 50	51 à 60	61 à 70	71 à 80	81 à 90
	fr. c.	fr. c.	fr. c.	fr. c.	fr. c.	fr. c.	fr. c.	fr. c.
1re catégorie	0 75	1 25	1 75	2 25	3 »	3 75	4 50	5 25
2me id.	1 »	1 50	2 »	2 50	3 25	4 »	4 75	5 50
3me id.	1 25	1 75	2 25	2 75	3 50	4 25	5 »	5 75
4me id.	1 50	2 »	2 50	3 »	3 75	4 50	5 25	6 »
5me id.	1 75	2 25	2 75	3 25	4 »	4 75	5 50	6 25
6me id.	2 »	2 50	3 »	3 50	4 25	5 »	5 75	6 50

Art. 6.

La redevance n'est dûe qu'à partir du 1er janvier de la 10me année de la concession, et courra jusqu'à la dernière année inclusivement.

Elle porte sur la totalité de l'étendue superficielle comprise entre les limites du lot concédé, défalcation faite des terrains réservés aux indigènes propriétaires ou usagers.

Le montant en sera payé par semestre aux 1er janvier et 1er juillet de chaque année.

TITRE IV

CHARGES ACCESSOIRES

—

Art. 7

Dans le délai de cinq ans, à partir de la date de l'acceptation du présent cahier des charges, le concessionnaire sera tenu d'ouvrir ou de compléter, sur la partie du périmètre de la forêt contigue à d'autres massifs, une tranchée ou *laie séparative*, débroussaillée sur une largeur de 50 mètres et essartée de tout bois sur une largeur de 10

MOTIFS A L'APPUI.

titre de redevance unique, ainsi qu'il est d'usage en matière de baux à long terme.

La redevance proportionnelle sur les bois d'œuvre est supprimée comme contraire à ce principe et comme entravant, d'ailleurs, par son mode d'application, la liberté d'action du concessionnaire.

42

mètres ; les dites largeurs mesurées à partir et en dedans de la ligne périmétrique, de manière à ce que la tranchée, prise en entier sur le sol de la forêt affermée, fasse suite sans interruption à celle ouverte ou à ouvrir dans les massifs limitrophes.

Art. 8.

En outre, et dans un délai de vingt ans, à courir de la même date, le concessionnaire divisera la forêt en cantons ou parties de cent hectares au plus, par des tranchées ou *laies divisionnaires*, débroussaillées sur une largeur totale de 30 mètres, et complétement essartées à 15 mètres de largeur suivant l'axe.

Art. 9.

Le débroussaillement par forme de tranchées, qui fait l'objet des deux articles précédents, séra exécuté de manière à détruire la broussaille ou sous-bois d'essences parasites, soit par voie de dessouchement et déracinement, soit, au choix du concessionnaire, par tout autre moyen reconnu compatible avec la conservation du sol et des bonnes essences.

L'essartement également mentionné sera effectué de manière à dénuder complétement le sol.

Ces divers travaux devront être constamment entretenus par le concessionnaire en bon état de nettoiement et de conservation.

Art. 10.

Tout débroussaillement opéré par voie d'extraction complète des souches et racines, dans le délai de cinq ans sur l'emplacement de la tranchée imposée en l'article 7 ci-dessus, et dans le délai de vingt ans sur les tranchées prescrites en l'article 8, ou sur tout autre point de la forêt, donnera lieu, au profit du concessionnaire, à des exonérations de redevances fixées ainsi qu'il suit :

300 francs par hectare débroussaillé dans le cours des cinq premières années ;

200 francs par hectare pour les débroussaillements exécutés pendant les cinq années suivantes ;

MOTIFS A L'APPUI.

Nouveau système de tranchées reconnu nécessaire pour défendre la forêt contre les incendies. (Voir le rapport de la Commission de Constantine, pages 67 à 69).

On permet tous les modes de débroussaillement susceptibles d'en simplifier l'exécution et la dépense, tels que le *petit feu* dans la saison et avec les précautions convenables, le pâturage, le gazonnement ou la culture du sol.

Lorsque le concessionnaire opérera d'une manière plus radicale, mais aussi plus onéreuse, en arrachant les souches et racines de la broussaille, il sera largement remboursé de ses frais, comme il va être dit en l'article suivant.

Les dispositions formulées dans l'article ci-contre ont été inspirées en partie par une proposition de la Commission de Constantine. (Voir son rapport, pages 68 à 70).

La dépense du débroussaillement par voie de dessouchement n'excède pas en moyenne 200 francs à l'hectare; elle peut même être considérablement atténuée par le produit des souches en charbon, dans les bassins à portée des débouchés.

Afin de hâter, au profit de tous les intérêts, le moment où les forêts seront mises par le débroussaillement à l'abri du danger des incendies, il a paru indispensable d'encourager l'opération, par un système de primes calculées de manière à en couvrir les frais d'autant plus largement qu'elle aura été plus tôt exécutée.

150 francs par hectare pour ceux des dix dernières années de la période de vingt ans.

Ces remises ou exonérations seront imputées, jusqu'à dûe concurrence et complet remboursement, sur les premières annuités de la redevance, échues ou à écheoir.

Le décompte en sera dressé, chaque année, par le service des forêts, sauf, en cas de contestation, le recours du concessionnaire à une expertise contradictoire.

Il est et demeure entendu que, quelle que soit l'étendue des débroussaillements exécutés par dessouchement, les exonérations auxquelles ils donneront lieu au profit du concessionnaire ne pourront jamais excéder le montant total des redevances restant à courir.

Art. 1!.

Le concessionnaire sera tenu d'assurer la surveillance de la forêt, au moyen de gardes particuliers, lesquels seront assimilés aux gardes forestiers des particuliers en France, pour les formalités relatives à leur nomination, à leur assermentation, à leurs procès-verbaux, et pour la foi dûe à ces actes.

Ces surveillants devront être préalablement agréés par l'Inspecteur des forêts, et seront susceptibles d'être révoqués sur l'ordre de l'autorité préfectorale.

Les gardes devront obéir aux réquisitions des agents forestiers, dans l'intérêt des exploitations ou de la vindicte publique.

Art. 12.

Seront à la charge du concessionnaire, la construction et l'entretien de tous les chemins qu'il jugera nécessaires à l'exploitation de la forêt.

Ces travaux seront, le cas échéant, déclarés d'utilité publique.

Le concessionnaire jouira, sur les terrains voisins appartenant à

MOTIFS A L'APPUI.

Telles qu'elles sont indiquées, les primes vont même au-delà de la dépense réelle pour les cinq premières années, par le double motif que les travaux y afférents sont ceux dont la prompte exécution importe le plus à la conservation de la forêt, et que d'ailleurs le concessionnaire sera le plus souvent obligé d'attendre longtemps le remboursement de ses avances, imputables sur des annuitées de redevance non encore échues.

La redevance par hectare, qui s'élève, en moyenne, à 250 francs environ pour toute la durée du bail, pourra ainsi être entièrement absorbée par les primes, et permettre au concessionnaire de débroussailler, sans frais, la totalité de la forêt.

C'est donc, en définitive, l'Etat qui prend à sa charge toute la dépense, en y consacrant éventuellement le montant des redevances qui lui sont dûes. Mais ce sacrifice sera compensé par l'importance d'un résultat qu'il n'est pas permis d'attendre des seuls efforts des concessionnaires, à savoir : *la sécurité, la conservation et l'amélioration des forêts de chênes-liège, désormais garanties par de sérieux travaux de débroussaillement.*

l'Etat, des droits de passage que réclameraient les besoins de son exploitation.

ART. 13.

Il sera tenu, pendant la durée de son bail, des contributions qui seraient établies par la loi sur le sol forestier, à un titre quelconque se référant à l'exploitation et rentrant dans la catégorie des charges réputées locatives.

TITRE V.

SANCTION.

—

ART. 14.

A défaut, par le concessionnaire, d'exécuter, dans les délais et conformément aux prescriptions du présent cahier des charges, les travaux de débroussaillement qui lui sont imposés par les articles 7 et 8, le service forestier pourra, deux mois après une mise en demeure restée infructueuse, mettre ces travaux en régie, pour les faire exécuter, compléter ou régulariser. Le concessionnaire sera tenu d'en payer le prix sur la production du compte de régie rendu exécutoire par l'autorité préfectorale.

Toutefois, si le retard ou les irrégularités dans l'exécution des travaux étaient attribués à une cause majeure ou imprévue dûment constatée, le Général commandant la province ou le Préfet pourrait accorder une prorogation de délai.

MOTIFS A L'APPUI.

Disposition nouvelle et nécessaire pour faire passer, comme de droit, au compte du concessionnaire, les charges que la loi pourrait imposer sur les exploitations forestières, ainsi que déjà la loi de 1866 sur les Conseils généraux l'a fait, en appelant les forêts domaniales de la métropole à contribuer aux ressources départementales.

Indépendamment des suppressions ou réductions de charges mentionnées ci-dessus, il en est d'autres qui proviennent de l'élimination des articles qui les imposent dans le cahier des charges actuellement en vigueur.

Ce sont, notamment :

1° Les frais de plan, que l'article 10 fixe à raison de 1 franc 30 centimes par hectare. Ce plan, désormais simplifié par la suppression de l'aménagement obligatoire, et qui a été délivré aux concessionnaires avec leurs titres de concession, peut être laissé à la charge de l'administration ;

2° La contribution pour travaux de reboisement fixée (article 23) à 50 centimes par hectare et par an. Supprimée par les motifs exposés au rapport de la Commission de Constantine, page 72 ;

3° La construction et l'entretien de baraques pour le service forestier, ainsi que la fourniture du bois de chauffage des gardes de l'Etat (articles 54 et 55); charges qui ne seraient plus en harmonie avec la liberté d'action rendue au concessionnaire, ni avec le caractère du nouveau bail.

La mise en régie prévue en l'article 64 du cahier des charges actuel n'est plus réservée que pour l'exécution des tranchées garde-feu. Ce sont en effet les seuls travaux prescrits impérativement par le nouveau cahier des charges, les autres rentrant dans la catégorie des opérations d'exploitation abandonnées au libre arbitre du concessionnaire, guidé par son propre intérêt. Ainsi limitée, l'application de la régie sera du reste extrêmement rare, puisque, grâce à la prime accordée par l'article 10, le débroussaillement cesse d'être onéreux s'il est exécuté par voie de dessouchement, et que le concessionnaire perdrait cette prime s'il se laissait mettre en régie.

En cas de contestation sur la cause de l'inexécution, du retard ou de l'irrégularité des travaux, il sera procédé à une expertise contradictoire.

ART. 15.

Toute contravention au présent cahier des charges pourra donner lieu, sans préjudice des poursuites en matière forestière, au paiement par le concessionnaire de dommages et intérêts au profit du Trésor.

Ces dommages et intérêts seront réglés par experts, et, en cas de contestation, il sera statué dans la forme indiquée en l'article 26.

ART. 16.

En cas de retard, prolongé pendant trois ans dans le paiement de la redevance, ou pendant un an dans celui des frais de régie prévus en l'article 14 ci-dessus, le retrait de la concession pourra être prononcé par décret impérial rendu sur le rapport du Ministre secrétaire d'État au département de la Guerre, d'après la proposition du Gouverneur général de l'Algérie, sauf recours du concessionnaire au Conseil d'État par la voie contentieuse.

La proposition du Gouverneur général tendant au retrait de la concession devra être arrêtée en Conseil de gouvernement, sur le rapport de l'autorité préfectorale, le service forestier et le concessionnaire préalablement entendus.

La déchéance prononcée n'exonérera pas le concessionnaire des sommes dont, à un titre quelconque, il se trouverait débiteur envers l'État au jour où cessera son exploitation.

Tous les travaux et toutes les constructions exécutés par lui demeureront acquis à l'État.

TITRE VI.

FORMALITÉS.

—

ART. 17.

Toutes les expertises prévues au présent cahier des charges auront lieu ainsi qu'il suit :

MOTIFS A L'APPUI.

Par des raisons analogues, la mesure extrême de la déchéance est également réduite à un seul cas, celui de retard prolongé dans les paiements; et ce cas se présentera rarement, puisque le concessionnaire, en employant sa redevance à des travaux de dessouchement, peut cesser d'être débiteur de l'État, et qu'il ne l'est jamais, d'ailleurs, que pour des sommes très-peu importantes relativement au produit annuel de l'exploitation.

L'un des experts sera nommé par le chef du service des forêts, l'autre par le concessionnaire, et, en cas de désaccord, un tiers expert sera désigné, à la requête de la partie la plus diligente, par le Conseil de préfecture.

L'arrêté du Conseil sera notifié au concessionnaire dix jours au moins avant celui fixé pour l'opération.

Si le concessionnaire néglige de nommer son expert, ou si celui-ci ne comparaît pas au jour fixé, la vérification faite par les deux experts présents sera réputée définitive.

Les experts adresseront leur rapport à l'autorité préfectorale.

Art. 18.

Tout paiement à faire par le concessionnaire au profit de l'État, soit pour les redevances, soit pour dommages-intérêts et indemnités, sera effectué à la caisse du receveur des Domaines de la circonscription, sur un simple procès-verbal dressé par le service forestier pour en établir l'origine et le décompte. Une expédition sur papier visé pour timbre et enregistrée en débet dans les vingt jours de sa date, sera envoyée au receveur des Domaines chargé du recouvrement ; une seconde sera remise au concessionnaire, et une troisième déposée aux archives du service forestier.

Ces trois expéditions seront signées par le conceesionnaire ou son fondé de pouvoirs. En cas de refus, les motifs en seront indiqués au bas de l'acte.

Les frais de timbre et d'enregistrement de cet acte seront payés par le concessionnaire en même temps que les sommes principales.

Art. 19.

Les fauldes à charbon, les fosses ou fourneaux pour le brûlement des bois ou pour le dépôt des cendres en provenant, fours à chaux et à briques, les ateliers, loges ou baraques temporaires dans lesquels pourra être allumé du feu à l'usage des ouvriers ou pour la préparation du liége, ne seront établis qu'après déclaration préalable au service forestier. Celui-ci pourra s'opposer, dans les huit jours, aux travaux, en désignant d'autres emplacements.

MOTIFS A L'APPUI.

Art. 20.

Le concessionnaire sera tenu de résider sur les lieux ou de s'y faire représenter par un fondé de pouvoirs.

Il fera élection de domicile au chef-lieu de la subdivision militaire ou de la sous-préfecture de la situation de la forêt concédée, sinon les significations ou mises en demeure à lui adressées seront valablement faites à la subdivision militaire ou au secrétariat de la sous-préfecture.

Art. 21.

Toute notification que comportera le présent cahier des charges de la part de l'Administration, sera signifiée au concessionnaire par un préposé forestier.

S'il s'agit de quelque opération à effectuer contradictoirement, faute par le concessionnaire de s'y présenter ou de s'y faire représenter au jour fixé, il y sera procédé, lui présent ou absent.

TITRE VII.

GARANTIES.

Art. 22.

En cas d'incendie ou de tout autre accident de force majeure, le concessionnaire ne recevra aucun dédommagement, ni aucune indemnité ; il aura droit seulement à la résiliation pure et simple du bail, ou à une réduction, proportionnelle à celle de sa jouissance, sur le montant de la redevance restant due.

Art. 23.

Dans le mois de janvier de la dixième année qui précédera le terme de la concession, il sera procédé, par le chef du service des forêts ou son délégué, en présence du concessionnaire dûment convoqué, à la reconnaissance complète de la forêt affermée, pour en constater l'état d'entretien et d'amélioration.

MOTIFS A L'APPUI.

Reproduction, en termes plus précis, de l'article 75 actuel. Le principe en est de droit commun, (article 1722 du code Napoléon) et pourra
être appliqué à l'avenir d'autant plus rigoureusement, que l'État s'impose
plus de sacrifices pour écarter le danger des incendies.

S'il résulte de cette vérification que le concessionnaire n'a pas exécuté, d'une manière complète et satisfaisante, tous les travaux nécessaires pour amener la forêt à l'état défini à l'article 3 ci-dessus, il ne pourra plus faire aucune récolte avant d'avoir complété et parfait lesdits travaux, et d'en avoir obtenu du service forestier la décharge provisoire.

En cas de contestation sur les effets de cette vérification, il y aura lieu à l'expertise, telle qu'elle est réglée par l'article 17.

Artt. 24.

A la suite de la vérification prévue en l'article précédent, si l'Administration supérieure juge nécessaire de prescrire un mode particulier d'aménagement, d'exploitation ou de récolte, pour ramener la forêt au meilleur état possible de rapport, le concessionnaire sera tenu de s'y conformer pendant les dix dernières années de son bail.

Art. 25.

La vérification prescrite par l'article 23 sera répétée, s'il y a lieu, dans les mêmes formes, pendant les six derniers mois de la durée du bail. Il sera donné, par le Gouverneur Général, décharge définitive au concessionnaire, s'il est constaté qu'il a rempli toutes ses obligations.

Pour garantir le recours de l'Etat, à raison des résultats de cette vérification, le concessionnaire ne pourra enlever aucun liége provenant de la dernière récolte, ni laisser sortir aucun produit forestier de ses magasins, avant d'avoir obtenu la décharge ci-dessus mentionnée.

TITRE VIII

COMPÉTENCE
—

Art. 26.

Les contestations qui s'élèveront entre le concessionnaire et l'administration, au sujet de l'exécution du présent cahier des charges, se-

MOTIFS A L'APPUI.

On a laissé au concessionnaire ·la plus grande latitude possible, aussi longtemps que son intérêt concordait avec celui de l'État dans la jouissance de la forêt. Mais cette garantie disparaît aux approches de la fin du bail, alors que le fermier, dégagé de toute préoccupation d'avenir, pourrait être porté à forcer abusivement ses dernières récoltes.

Pour obvier à cette éventualité, il suffit, comme il est stipulé en l'article ci-contre, de réserver au besoin, à l'Administration, le droit de régler l'aménagement pendant la dernière période de production et d'exploitation.

ront jugées administrativement par le Conseil de préfecture du département où sera située la forêt concédée, ou du département le plus voisin, sauf recours au Conseil d'État.

TITRE IX

DISPOSITIONS TRANSITOIRES

ART. 27.

Sont expressément réservés tous droits d'usage, toutes servitudes et toutes tolérances dont la forêt affermée se trouverait grevée en faveur de tiers, jusqu'à ce qu'elle en ait été affranchie comme il sera dit en l'article suivant.

Jusques là, les indigènes qui occupent ou cultivent, du consentement du Gouvernement, des vides dans l'intérieur de la forêt, ne pourront être troublés dans leur jouissance par le fait du concessionnaire, et continueront à se servir, pour tous leurs besoins, des chemins, sources et cours d'eau existant dans la forêt, et à jouir, conformément aux réglements, du pâturage, de la glandée, ainsi que des bois et écorces de liége nécessaires à leur consommation.

ART. 28.

Le concessionnaire devra consentir, jusqu'à concurrence d'un dixième au maximum de la contenance totale de sa concession, la distraction des parties qu'il sera reconnu nécessaire, soit d'attribuer aux populations indigènes en échange des droits d'usage et enclaves qu'elles possèdent dans la forêt, soit de réserver pour être livrées en toute propriété, par l'administration, aux ouvriers à installer ou fixer sur les lieux.

En compensation de ce prélèvement, le concessionnaire jouira, sans augmentation de redevance, des enclaves rachetées, et des parties de la forêt affranchies de droits d'usage.

Annexé au décret du

MOTIFS A L'APPUI.

Les réserves stipulées par les articles 34 et 47 du cahier des charges actuel sont ici reproduites, mais avec simplification, et seulement à titre provisoire, jusqu'au moment où le domaine forestier sera affranchi de toute servitude et de toute enclave, conformément à la proposition qui en a été faite par la Commission de Constantine (pages 53 à 56 de son rapport).

Pour faciliter le rachat des enclaves et des droits d'usage, comme aussi afin de pouvoir fixer sur les lieux une population vouée aux industries et intérêts forestiers, il est indispensable que l'Administration se réserve la faculté de reprendre une partie de chaque concession, dans les limites d'un maximum modéré.

Tout porte à croire que les concessionnaires se prêteront sans difficulté à cette mesure à raison du double résultat à atteindre, et dont la réalisation importe très-gravement à leurs intérêts.

ÉTAT DES REMISES DE REDEVANCES
ACCORDÉES AUX CONCESSIONNAIRES DE FORÊTS DE CHÊNE-LIÉGE INCENDIÉES.

(Annexe au Décret Impérial du   .)

DÉSIGNATION DES CONCESSIONS.			CONSISTANCE TOTALE.			PARTIES INCENDIÉES.				PARTIES NON INCENDIÉES.	
				NOMBRE D'ARBRES.		ARBRES MORTS.		ARBRES SURVIVANTS.			
CONCESSIONNAIRES.	FORÊTS.	Catégorie de classement.	Contenance soumise à la redevance.	Total.	Moyenne par hectare.	Nombre total.	Superficie correspondante.	Nombre total.	Superficie correspondante.	Nombre d'arbres.	Superficie correspondante.
1	2	3	4	5	6	7	8	9	10	11	12
			hectares.				hectares.		hectares.		hectares.
Chappon	Djebel Halla	3e	2,810	481,730	171	174,579	1,021	108,389	633	198,762	1,156
Dutreih	Zéramna	2e	3,607	410,000	111	150,675	1,357	26,825	241	232,500	2,009
De Roblac	Estaya	2e	3,821	421,000	112	80,000	714	»	»	341,000	3,107
Martineau des Chesnetz	Sonendja, Guerbès et Filfila	2e 3e	3,894 2,070	1,619,000	271	1,177,984	4,346	422,073	1,587	18,943	70
De Cés-Caupenne	Sain	2e	2,556	517,000	194	274,837	1,416	229,858	1,185	12,305	55
Gaultier de Claubry	Las Haas	2e	3,330	488,000	146	327,106	2,240	145,716	998	15,178	92
Padley	Oued Soudan	2e	1,535	286,000	174	158,600	911	35,400	209	91,000	515
Lucy et Falcon	Fendeck	2e	11,245	1,274,000	113	473,193	4,188	338,095	2,902	462,712	4,066
De Montebello	La Calle. (Lots nos 1 et 3)	4e	4,450	1,268,000	284	117,930	415	151,466	533	998,595	5,502
Bertben-Lecoq	Edough	3e	6,685	1,307,800	196	43,565	722	47,600	243	1,215,635	6,190
Duprat	Oued-el-Aneb, etc.	2e	5,419	600,000	112	160,000	1,428	2,000	17	444,000	3,974
Veuve Creil	Bon Merdès	6e	470	50,000	106	10,000	94	21,900	198	19,000	178
Portes, fils	Tefeschoun	3e	454	180,000	398	170,000	427	10,000	27	»	»
Totaux et moyennes générales			52,565	8,908,530	160	3,318,478	18,779	1,538,422	8,833	4,056,630	24,973

CONCESSIONNAIRES.	MONTANT TOTAL de la redevance FIXÉE PAR LE DÉCRET de concession.		REMISES ACCORDÉES AUX CONCESSIONNAIRES INCENDIÉS					NOMBRE D'ANNÉES de suspension de redevance pour couvrir les remises accordées.	APPOINT restant à imputer sur l'année suivante.	PORTION DE LA REDEVANCE restant due pour le surplus du bois.	
			D'APRÈS LE CAHIER des charges. (Article 75).	A RAISON DE LA			TOTAL DES REMISES.				
				PERTE sur le capital dépensé.	DÉPENSE NOUVELLE en						
	pour toute la concession.	Moyenne par hectare.			recépages.	démasclages.				Total pour la concession.	Moyenne par hectare.
	13	14	15	16	17	18	19	20	21	22	23
	francs.	francs. cent.	francs.	francs.	francs.	francs.	francs.		francs.	francs.	fr. c.
Chappon	744,050	265 »	60,574	49,826	34,916	10,839	156,155	31	903	588,494	209 42
Dutreih	898,415	245 »	62,784	143,068	30,135	2,682	238,669	38	314	659,745	179 91
De Roblac	936,145	245 »	32,680	29,925	16,000	»	78,595	17	265	857,549	224 43
Martineau des Chesnetz	1,504,965	251 96	222,147	332,310	235,597	42,207	832,251	57	23,156	672,703	112 62
De Cés-Caupenne	650,720	245 »	74,164	74,790	54,967	22,986	226,907	44	6,459	423,812	149 56
Gaultier de Claubry	815,850	245 »	109,393	113.960	65,421	14,571	303,345	46	5,310	512.504	153 90
Padley	400,575	245 »	43,119	42,218	31,720	3,640	120,697	41	5,313	270,877	171 17
Lucy et Falcon	2,755,025	245 »	213,942	132,720	94,639	33,809	474,710	28	13,665	2,280,314	202 78
De Montebello	1,288,250	285 »	32,030	26,900	23,588	15,146	97,354	13	3,904	1,170,895	263 12
Bertben-Lecoq	1,763,874	265 »	14,374	19.621	8,713	4,760	47,468	5	5,875	1,716,105	237 86
Duprat	1,327,655	245 »	64,538	59,242	32,000	200	155,980	21	9,667	1,171,674	216 21
Veuve Creil	152,255	329 94	5,301	1,134	2,000	2,100	10,535	10	1,135	141,719	301 53
Portes, fils	120,310	265 »	6,923	9,938	34,000	1,000	51,861	49	1,240	68,448	150 75
Totaux et moyennes générales	13,338,389	253 »	941,565	,035,345	683,696	153,940	2,794,544	30	77,214	10,543,845	200 51

PIÈCE N° 7.

Note justificative des indemnités accordées aux Concessionnaires de forêts de chênes-liége incendiées.

La première partie du tableau ci-joint (colonnes n°ˢ 1 à 12) présente la situation de chaque concession avant et après les incendies, cet inventaire devant servir de base au compte des pertes et dédommagements, qui fait l'objet de la seconde partie (colonnes 13 à 23).

Les chiffres indicatifs du classement et de la contenance totale des lots (colonnes 3 et. 4) ont été relevés sur les décrets mêmes de concession.

Le nombre total d'arbres (colonne 5) a été fourni par le service des Forêts, d'après les dénombrements opérés au fur et à mesure des démasclages, sauf en ce qui concerne trois concessions, qui, seules, n'étaient pas entièrement démasclées au moment des incendies, et pour lesquelles on a dû ajouter, aux résultats des démasclages effectués, le nombre estimatif des chênes-liége restant à démascler.

Au surplus, les chiffres ainsi établis, faisant ressortir (colonne 6) le peuplement moyen des 13 concessions dont il s'agit ici, à 169 arbres par hectare, ne sauraient être contestés par les concessionnaires, qui, d'après leurs divers mémoires et notes publiés ou distribués de 1860 à 1862, n'espéraient alors qu'une moyenne de 110 arbres à l'hectare.

Leur comité admet d'ailleurs (voir aux pages 22 et 23 de sa réponse) les relevés de la commission d'enquête de Constantine, quant aux quantités d'arbres atteints par l'incendie et considérés, les uns comme morts et à recéper, les autres comme perdant la récolte pendante et devant être démasclés à nouveau.

Ce sont ces mêmes nombres qui sont inscrits aux colonnes 7 et 9 de l'état joint.

En les divisant par la moyenne du peuplement total à l'hectare (colonne 6), on obtient le nombre d'hectares moyennement peuplés, qui correspond aux arbres incendiés de chaque catégorie (colonnes n°s 8 et 10), ou autrement la consistance superficielle des parties incendiée, dans sa proportion avec la consistance totale de la concession.

Il faut remarquer que cette contenance proportionnelle n'est pas exactement égale à la superficie qui a été réellemont parcourue par le feu, et laquelle se trouve nécessairement supérieure ou inférieure, selon que son peuplement était au-dessous ou au-dessus du peuplement moyen de la concession. C'est ainsi que, dans la concession de Robiac — pour citer celle qui offre le plus fort écart, — les 80,000 arbres incendiés formaient un massif exceptionnellement serré, d'une étendue de 405 hectares, donnant une moyenne de 197 arbres à l'hectare, tandis que, d'après la moyenne générale de la concession, qui est de 112 arbres seulement, ces 80,000 arbres correspondent, en proportion exacte, à une partie de la concession égale à 714 hectares.

Les totaux d'arbres incendiés (colonnes 7 et 9) et de superficies correspondantes (colonnes 8 et 10), étant respectivement retranchés du peuplement total (colonne 5) et de la contenance générale (colonne 4), donnent, en nombre exact d'arbres et en contenance proportionnelle (colonnes 11 et 12), la consistance des parties non-incendiées.

Les bases étant ainsi établies, et le montant des redevances totalisé en la colonne 13, les remises à accorder en raison des incendies ont été calculées, dans leurs divers éléments (colonnes 15, 16, 17 et 18), ainsi qu'il est expliqué et justifié au rapport de la Commission de Constantine, pages 21 à 28.

Il n'y a été fait de changement qu'en ce qui concerne le capital engagé ; au lieu du montant dépensé en forêt, seul élément jusqu'alors connu du service forestier, on a admis les indications des délégués des concessionnaires (pages 12 et 13 de leur rapport d'enquête), bien qu'elles fussent sujettes à vérification, et c'est ainsi que, du chiffre de 417,965 francs, porté à ce titre par la Commission de Constantine, on est arrivé ici à celui de 1,035,343 francs.

L'évaluation des frais de recépage, d'abord contestée, a été maintenue à son chiffre primitif, de même que la dépense nouvelle en démasclage, après une vérification qui en a fait reconnaître l'exactitude.

Les pertes occasionnées, par l'incendie, aux concessionnaires sur leur capital dépensé, et les dépenses nouvelles restant à faire pour restaurer la forêt, sont ainsi déterminées dans l'exacte proportion des parties incendiées (colonnes 16, 17 et 18). Elles sont ajoutées aux réductions de redevance (colonne 15), dûes suivant l'article 75 du cahier des charges, pour former le total des remises accordées aux concessionnaires incendiés, et dont l'imputation sur le montant des redevances, d'après le système formulé au projet de décret, donnera les résultats déduits aux dernières colonnes du tableau (n°' 20 à 23).

PIÈCE N° 8.

NAPOLÉON, par la grâce de Dieu et la volonté nationale, Empereur des Français,

A tous présents et à venir, Salut.

Sur le rapport de notre Ministre Secrétaire d'État au département de la Guerre, et d'après les propositions du Gouverneur Général de l'Algérie ;

Vu l'article 10 de notre décret du 10 décembre 1860 ;

Notre Conseil d'État entendu ;

Avons décrété et décrétons ce qui suit :

ARTICLE PREMIER. L'exploitation des Forêts de chênes-liége, en Algérie, sera désormais concédée conformément au cahier des charges générales, annexé au présent décret et qui est approuvé.

ARTICLE 2. Notre Ministre Secrétaire d'État au département de la Guerre et le Gouverneur Général de l'Algérie sont chargés, chacun en ce qui le concerne, de l'exécution du présent décret.

Fait à Paris, le 28 mai 1862.

Signé : NAPOLÉON.

Par l'Empereur :

Le Maréchal de France,

Ministre Secrétaire d'État au département de la guerre,

Signé : RANDON.

Présenté au visa de Son Excellence M. le Maréchal Gouverneur Général, pour être promulgué en Algérie.

Le Conseiller d'État,

Directeur Général des Services civils,

G. MERCIER-LACOMBE.

Vu pour être promulgué en Algérie.

Alger, le 11 juin 1862.

Le Gouverneur Général,

Maréchal PELISSIER, DUC DE MALAKOFF.

Cahier des charges générales pour l'exploitation des forêts de chênes-liége en Algérie.

TITRE PREMIER.

OBJET ET DURÉE DE LA CONCESSION.

ARTICLE PREMIER.

Les concessions des forêts de chênes-liége, en Algérie, ont pour objet principal la récolte du liége et, accessoirement, l'exploitation des autres essences, en se conformant aux clauses du présent cahier des charges.

ART. 2.

Elles seront faites pour une durée qui ne pourra excéder quatre-vingt-dix années consécutives, à partir du 1er janvier de l'année qui qui suivra la date de la concession.

ART. 3.

La concession est expressément consentie à charge, par le concessionnaire, d'améliorer le domaine forestier, d'en user en bon père de famille, de mettre, tenir et rendre la forêt dans le meilleur état d'entretien, d'exploitation et de rapport, en se conformant aux prescriptions et conditions suivantes.

TITRE II.

MISE EN POSSESSION, DÉLIMITATION ET AMÉNAGEMENT DE LA FORÊT.

ART. 4.

Immédiatement après la délivrance de l'acte de concession, il sera procédé, en présence ou en l'absence du concessionnaire ou de son fondé de pouvoirs, dûment convoqué au moins vingt jours à l'avance, à la reconnnissance des limites de la forêt et de ses enclaves, ainsi qu'à la mise en possession du concessionnaire.

Les confins généraux seront déterminés par des limites naturelles, ou, à défaut, par des têtes de fossés indiquant à leur sommet chacun des angles du périmètre, et ayant une longueur d'au moins 2 mètres, dans la direction de chaque côté de l'angle. Ces fossés, de 1 mètre 50 centimètres d'ouverture, de 20 centimètres de largeur au fond et de 80 centimètres de profondeur, seront exécutés par le concessionnaire et à ses frais.

Sur les points où les difficultés du terrain rendraient impraticable le mode de délimitation ci-dessus indiqué, il y sera suppléé par des bornes en pierre ayant au moins 60 centimètres de fût.

Le général commandant la division ou le préfet, suivant le territoire, désignera, pour procéder aux opérations ci-dessus, un inspecteur ou sous-inspecteur des forêts et un géomètre ou agent forestier chargé de la partie géodésique des opérations, lesquels seront assistés, au besoin, d'un membre du bureau arabe du ressort.

Le procès-verbal de l'opération sera dressé sans délai, et signé par les agents désignés et le concessionnaire ou son représentant. En cas de désaccord, d'absence ou de refus de signer, mention en sera faite, et les observations ou dires contradictoires seront relatés au procès-verbal, qui sera soumis au Gouvernenr Général pour être approuvé.

Art. 5.

Dans le délai de trois ans, à partir de la mise en possession, le concessionnaire sera tenu d'ouvrir, sur la partie du périmètre de la forêt contiguë à d'autres massifs, une laie séparative de dix mètres de largeur, au minimum, à prendre en entier sur le sol de la forêt, et dans laquelle devront être coupés et enlevés :

1° Tous les sous-bois et broussailles d'essences secondaires ou parasites ;

2° Tous les arbres d'essences diverses qui gêneraient l'ouverture des fossés de périmètre ou de chemins utiles à la vidange et à la circulation.

Art. 6.

Dans le cours de l'année qui suivra la mise en possession, le service forestier procédera, ainsi qu'il suit, à la fixation et à l'assiette de l'aménagement.

Le concessionnaire devra opter, par écrit, pour l'un des deux modes ci-après décrits, savoir : 1° le *furetage*, vulgairement dit *jardinage*; 2° *l'exploitation par séries et coupes fixes*, avec faculté de faire varier, suivant la nature du liége, le terme de l'exploitabilité.

En échange de cette déclaration, le service forestier remettra au concessionnaire un permis de commencer les opérations de démasclage, qui devront être terminées, en dix années, sur toute l'étendue de la concession.

Ce permis sera accompagné d'un levé à vue ou du plan définitif de l'aménagement.

ART. 7.

Dans le mode de furetage, la forêt sera partagée en trois divisions égales. Chacune de ces divisions sera démasclée successivement et de proche en proche. Le concessionnaire pourra lever le liége de reproduction, en jardinant chaque année sur une division.

Toutefois, à l'expiration de la vingtième année, si des inconvénients majeurs pour la conservation de la forêt étaient signalés, le général commandant la division, ou le préfet pourra, sur le rapport du service forestier, provoquer, auprès du Gouverneur Général, la substitution de l'exploitation par série et coupes fixes au furetage.

ART. 8.

Dans le second mode d'aménagement, l'exploitation comprendra plusieurs séries déterminées par le service forestier, et les séries seront divisées en autant de coupes qu'il y aura d'années dans la révolution.

Pendant le cours de la première révolution ou période, les démasclages seront effectués sur chaque série, à tire et aire, de proche en proche et coupe par coupe, de manière à porter, au moins, sur toute l'étendue d'une coupe, par année, et à être terminés la dernière année de la période. Il ne sera pas interdit de démascler plus d'une coupe à la fois chaque année, si le concessionnaire le juge convenable, mais sans que cette circonstance puisse avancer le terme des récoltes.

Les récoltes commenceront à la première année de la deuxième
période et auront toujours lieu, coupe par coupe et d'année en année,
à la condition d'exploiter toujours une coupe entière par an dans chaque série. Les coupes pourront, d'ailleurs, au gré du concessionnaire,
être récoltées soit à l'âge préfixe, indiqué par la révolution, soit à un
âge variant pour chaque coupe ; mais à la condition que la détermina-
tion de cet âge aura été préalablement agréée par l'Administration.

Art. 9.

Le régime d'exploitation adopté pour la forêt, et la durée fixée pour
la révolution des coupes, pourront être changés avec l'autorisation du
Gouverneur Général.

Sous le régime du *furetage* comme sous celui de l'exploitation par
coupes, il sera interdit au concessionnaire de récolter, dans la dernière période décennale qui précédera l'expiration de sa concession,
du liége présentant une épaisseur moindre de 22 millimètres.

Art. 10.

Le service forestier sera chargé de régler l'application de l'aménagement ; il en indiquera les divisions sur le terrain et les rapportera
sur chacune des expéditions du plan qui seront remises, savoir : la
première au Gouverneur Général, la deuxième au général commandant
la division ou au préfet, la troisième au service forestier, la quatriè-
me à l'inspecteur local et la cinquième au concessionnaire qui en
donnera récépissé.

Le concessionnaire remboursera au Trésor, à raison de 1 fr. 30 c.
par hectare, les frais de l'expédition qui lui aura été remise.

Ce remboursement pourra, si le concessionnaire le demande, s'effectuer partiellement et par annuités ; mais il devra, dans tous les cas,
être accompli dans les cinq ans ans qui suivront la mise en possession.

Art. 11.

Les divisions prévues en l'article 7, ou les séries prescrites en l'article 8, seront établies sur le terrain par des laies sommières, d'une
largeur totale de 20 mètres, présentant, sur l'axe, 4 mètres d'essarte-

ment complet, et le surplus de la largeur simplement nettoyé des broussailles et sous-bois d'essences parasites ; les coupes, par des laies simples entièrement essartées sur 2 mètres, débroussaillées sur 8 mètres et offrant une largeur totale de 10 mètres.

Les coupes seront, en outre, indiquées par des poteaux en bois ou des écriteaux fixés à des arbres corniers, portant imprimés, au moyen d'un fer rouge ou à l'aide d'une peinture à l'huile, le numéro de la coupe et la lettre indicative de la série ou de la division.

Art. 12.

Les coupes d'une contenance supérieure à 100 hectares seront subdivisées en parcelles d'une étendue égale à 100 hectares au plus, indiquées, autant que possible, par des limites naturelles, telles que crêtes, ravins, etc., ou, à défaut, par des laies de débroussaillement, ouvertes sur une largeur de dix mètres au minimum.

Art. 13.

Les travaux forestiers prescrits par les articles 5, 10, 11 et 12 ci-dessus seront effectués sous la direction du service des forêts, par les soins et aux frais du concessionnaire, et devront être terminés, savoir :

1° Les laies séparatives des divisions ou des coupes, ainsi que les poteaux indicateurs à l'expiration de la première révolution, c'est-à-dire avant le commencement de la première récolte du liége ;

2° Les laies de division parcellaire (article 12) à l'expiration de la deuxième révolution ;

3° Les travaux de bornage (article 11, § 2) à l'expiration de la troisième.

Les laies séparatives et les divers signes de délimitation seront constamment maintenus par le concessionnaire en bon état de conservation.

TITRE III

EXPLOITATION DU LIÉGE.

—

Art. 14.

Le concessionnaire ne pourra opérer le démasclage des arbres qui mesureraient moins de 30 centimètres de circonférence à 1 mètre du sol.

L'opération se fera en commençant rez-terre, de manière à ne laisser aucune portion d'écorce à la patte de l'arbre, et s'arrêtera pour le premier démasclage, à la naissance des branches. A chacune des révolutions suivantes, le démasclage sur ces mêmes arbres pourra s'étendre aux branches jusqu'au point où elles cesseront de mesurer au moins 30 centimètres de circonférence.

Le démasclage portera sur la circonférence entière de l'arbre, sauf le cas où le concessionnaire jugerait prudent de laisser, sur les côtés les plus exposés aux insolations, une bande d'écorce qui ne pourra être enlevée qu'à la révolution suivante.

Art. 15.

Après l'expiration de la première révolution ou période, et pendant les suivantes, les chênes-liége qui n'auraient pu être démasclés précédemment, ou qui proviendraient de nouveaux repeuplements, seront démasclés selon les règles posées en l'article précédent, au fur et à mesure que l'on reviendra sur chaque division ou coupe pour en récolter le liége de reproduction.

Art. 16.

Le service forestier aura le droit, tant dès le début que dans le cours des démasclages, de désigner, à raison de un au plus par 20 hectares, des chênes-liége qui ne pourront être démasclés jusqu'à nouvel ordre, et demeureront réservés pour fournir, soit au service forestier, soit au concessionnaire lui-même, des semences de bonne qualité destinées au repeuplement des forêts.

Art. 17.

Lorsqu'on opérera par le mode de furetage, le liége de reproduction
pourra être levé successivement, par portions ou planches partielles
sur le même pied d'arbre.

Dans le second système d'aménagement, la récolte devra s'opérer
en entier par arbre comme par coupe, sauf le cas exceptionnel prévu au
troisième alinéa de l'article 14.

Art. 18.

Le démasclage et la levée du liége de reproduction seront effectués
pendant la saison de la sève et suspendus pendant les fortes cha-
leurs.

Art. 19.

Dans la levée ou le sondage des écorces du liége, on devra procéder avec tous les soins convenables, pour ne pas endommager le liber
de l'arbre ou *mère*.

TITRE IV.

CULTURE ET RÉGÉNÉRATION DE LA FORÊT.

—

Art. 20.

Indépendamment du démasclage et des récoltes de liége, le concessionnaire sera tenu d'effectuer, à ses frais, sur les indications et
sous la direction du service forestier, savoir : 1° l'abattage et l'enlèvement des arbres, brins ou rejets, abroutis, devenus impropres à
la production du liége ; 2° l'élagage et l'émondage des chênes au-
dessous de 20 centimètres de circonférence, mesure prise à un mètre
du sol ; 3° l'enlèvement de tous les *chablis* et *volis* ; 4° le recépage des
bois incendiés, lorsque dans l'intérêt de la reproduction, il sera jugé
nécessaire par le Général commandant la division ou par le Préfet,
suivant le territoire, le concessionnaire entendu.

Art. 21.

Le concessionnaire supportera l'exercice du droit de martelage, tel qu'il est pratiqué en France, et conservera sur pied tous les arbres marqués.

Art. 22.

Les opérations mentionnées en l'article 20, sous les n°s 1 et 2, seront effectuées successivement, chaque année, sur la division ou coupe arrivée en tour de démasclage ou de récolte du liége.

L'enlèvement des chablis et volis, ainsi que le recépage des bois incendiés, aura lieu au fur et à mesure que les circonstances prévues se produiront.

Art. 23.

Le concessionnaire sera également tenu d'entretenir et de compléter les peuplements existants. Les travaux nécessaires, pour ces opérations, seront exécutés sur les indications et sous la surveillance du service forestier.

Le concessionnaire devra affecter annuellemeut à ces travaux une somme calculée à raison de 50 centimes par hectare.

Art. 24.

Le repeuplement sera exécuté par semis ou par plantations, au choix du concessionnaire.

TITRE V.

DISPOSITIONS COMMUNES AUX TRAVAUX D'EXPLOITATION

1re SECTION. — *Coupes de bois.*

Art. 25.

Tous les bois à abattre, à récéper ou à relever, conformément aux prescriptions de l'article 20, n°s 1 et 2, préalablement reconnus et marqués par les agents du service forestier, seront designés en un procès-verbal de martelage où seront réglées les conditions particulières auxquelles le concessionnaire aura à se conformer dans l'exploitation. L'expédition de ce procès-verbal lui sera remise, un mois au moins avant l'époque fixée pour le commencement des opérations.

Pendant la durée des martelages, deux ou trois bûcherons, munis de haches, seront mis par le concessionnaire à la disposition des agents forestiers, pour faire les blanchis sur les arbres.

Art. 26.

L'abattage du bois se fera, chaque année, du 1ᵉʳ octobre au 1ᵉʳ avril suivant.

Pourront néanmoins être exploités toute l'année :

1° Les broussailles et plantes parasites quelconques ;

2° Les bois à faire disparaître sur l'emplacement des routes et laies d'essartement ;

3° Les arbres et brins désignés au procès-verbal de martelage, comme n'étant ni propres ni destinés à se reproduire de souche ;

4° Tous ceux sur lesquels il aura été permis de récolter des écorces à tan.

Le service forestier désignera également les arbres de cette dernière catégorie qui pourront être pelés sur pied.

Art. 27.

L'abattage se fera de proche en proche et à tire et aire.

Les arbres, désignés comme ne devant pas rejeter de souche et ceux compris dans les essartements, pourront être coupés à la scie. Le concessionnaire aura même le droit, si le procès-verbal de martelage n'en contient pas l'interdiction, en raison de la nature ou de la déclivité du sol, de les essoucher et de les déraciner, ainsi que les broussailles et plantes parasites, à la condition, dans tous les cas, de combler et de niveler les excavations.

Art. 28.

L'abattage des arbres de futaie sera dirigé de manière à ne pas atteindre les réserves voisines, sous la responsabilité du concessionnaire, en cas de dommage causé.

IIᵉ SECTION. — *Bois réservés.*

Art. 29.

Le service forestier désignera les troncs d'arbres d'essences diverses ou portions de troncs qu'il jugera propres à faire des bois de construction ou d'industrie, et qui devront être abandonnés au concessionnaire, s'il le demande, dans les conditions déterminées par l'art. 48 ci-après.

Le dénombrement de ces troncs d'arbres sera fait contradictoirement dans l'année qui suivra l'abattage.

Art. 30.

Le concessionnaire fournira, aux divers services publics, les bois de construction qui lui seraient demandés, et qui seraient compris, soit dans les coupes annuelles, soit parmi les chablis et bois incendiés à abattre. Il n'aura droit, pour ces livraisons, qu'au remboursement des frais d'exploitation.

A défaut d'entente entre le concessionnaire et les services destinataires, les agents forestiers désigneront, soit sur pied, soit après abattage, les arbres ou portions d'arbres qui devront être réservés pour ces livraisons.

Art. 31.

Les arbres marqués constitueront définitivement la réserve faite au profit des services destinataires.

Les réductions seront opérées à la scie et de manière à laisser intactes les empreintes du marteau des agents forestiers.

Les débris d'éboutement et d'équarrissage, ainsi que tous remanants et branches non réservés, appartiendront au concessionnaire.

Art. 32.

Le concessionnaire sera tenu de laisser entrer, dans ses coupes, les ouvriers de la marine ou des autres services publics employés au sondage, à l'éboutement, à l'équarrissage et à l'enlèvement des bois réservés.

Art. 33.

Un procès-verbal, dressé par l'agent forestier, chef du cantonnement, énoncera, savoir :

1° Le numéro de la série, l'essence, les dimensions et l'état des pièces définitivement livrées aux services publics ;

2º Les mêmes renseignements, en ce qui concerne les pièces rebutées, avec indication du volume, calculé séparément pour celles laissées en grume et pour celles équarries.

Ce procès-verbal sera signé par le concessionnaire ou son représentant, visé pour timbre et enregistré gratis, dans les vingt jours de sa date.

Toutefois, les frais de timbre et d'enregistrement de ce procès-verbal seront à la charge du concessionnaire, dans le cas prévu par l'art. 29.

Le concessionnaire demeurera responsable des pièces dont les services publics auraient fait choix, jusqu'à leur transport hors coupe, constaté jour par jour, par le brigadier forestier, dans un certificat qui vaudra décharge au concessionnaire.

Toutefois, cette responsabilité ne pourra se prolonger au-delà du terme assigné au concessionnaire pour la vidange de la coupe.

Art. 34.

Sont également réservés les bois et écorces nécessaires à la consommation des indigènes usagers, et dont l'Administration serait tenue ou jugerait à propos de leur continuer la jouissance.

En conséquence, le concessionnaire, pendant toute la durée de la concession, devra, sur la réquisition et sur l'indication du service forestier, délivrer à ces indigènes, parmi les produits exploités dans ses coupes, les bois, perches et broussailles dont ils auraient besoin pour la construction de leurs gourbis ou de leurs instruments aratoires, pour soutènement de tentes, clôtures et chauffage, enfin les canons de liége de démasclage nécessaires pour leurs ruches à abeilles.

Ces écorces et les bois seront délivrés, sans frais, en grume et sur le parterre des coupes, l'enlèvement et le façonnage restant seuls à la charge des destinataires.

IIIᵉ SECTION. — *Produits divers.*

Art. 35.

Le concessionnaire est autorisé à faire des écorces à tan, mais seu-

lement sur les arbres marqués par le service forestier pour être
abattus.

Art. 36.

Le concessionnaire aura le droit de procéder, en forêt, à la carbo-
nisation ou à l'incinération de ses bois ou écorces de rebut, à la
condition de n'opérer que sur les places qui auront été préalablement désignées et préparées comme il sera dit plus loin, et de ne
procéder au brûlement, pour faire du salin ou de la potasse, que
par un temps calme et dans les fosses creusées aux endroits assignés.

Art. 37.

Les ramiers, branchages et tous les bois autres que les bois de service, ainsi que le liége et les écorces à tan, devront être entièrement enlevés au 31 décembre de chaque année.

Ces différents produits ne pourront être empilés ou entassés, ni
contre les chênes-liége démasclés, ni sur les souches vives, ou sur les
places de jeunes repeuplements à conserver

Tous ceux de ces produits qui ne seraient pas autrement utilisés,
les broussailles, brindilles, copeaux et les mauvais liéges de démasclage, devront être, dans tous les cas, réunis par tas, de manière à
ne pas nuire à la reproduction, et brûlés sur les places désignées.
La sciure de bois devra être répandue et disséminée sur le sol, au
fur et à mesure de l'enlèvement des chantiers ayant servi au sciage.

Art. 38.

La vidange devra être terminée au 1er juillet de l'année qui suivra
celle de la récolte du liége ou l'abattage des bois.

Toutefois, les pièces de bois de service pourront être laissées une
année de plus au bord des chemins et laies, ou sur les lieux de dépôt
désignés.

TITRE VI.

JOUISSANCES ACCESSOIRES.

—

Art. 39.

Le concessionnaire jouira, pour les animaux à son usage, autres que les chèvres, des droits de pâturage, pacage, parcage et glandée :

1° Pendant la durée du bail, sur l'emplacement des laies essartées ;

2° Dans les parties qu'il aura été autorisé à cultiver ;

3° Dans les cantons de la forêt qui auront été annuellement, sauf recours à l'autorité préfectorale, déclarés défensables par les agents forestiers, d'après l'état du peuplement et la possibilité de la forêt, distraction faite des portions réservées à l'usage des indigènes, comme il sera dit ci-après.

Les animaux de trait ou de bât, employés à la vidange de la forêt, seront muselés lorsque les transports s'effectueront sur les parties qui n'auront pas été reconnues défensables.

Art. 40.

Le concessionnaire sera tenu d'avoir un gardien particulier pour ses troupeaux et de les parquer pendant la nuit.

Art. 41.

Le concessionnaire aura le droit de faire des cultures sur toutes les parties qu'il aura dessouchées pour l'établissement des laies séparatives. Toutefois, les terrains dégarnis ou incomplétement garnis de peuplement forestier utile ne pourront être cultivés que pendant cinq ans.

Art. 42.

Outre les cultures dont la faculté lui est accordée par l'article précédent, le concessionnaire sera autorisé, sur la désignation du service forestier, et autant que le permettra l'état du sol de la forêt, à cultiver, pendant la durée de sa jouissance, pour l'alimentation de son établissement et de ses ouvriers, des vides faisant partie du sol forestier, et dont l'étendue sera fixée, par l'acte de concession, à raison de trois hectares par cent hectares de forêt, au maximum.

Art. 43.

Sont réservés à l'État, savoir : 1° les mines, minières, carrières, tourbières, et généralement tous les produits du sous-sol ; 2° les trésors, ruines et objets d'art qui viendraient à être découverts dans la forêt ; 3° l'emplacement des routes, chemins de fer, canaux ou tous autres travaux établis ou à établir ultérieurement dans un intérêt public.

Art. 44.

Le concessionnaire pourra faire des fouilles dans l'intérieur de la forêt, afin de se procurer les matériaux nécessaires aux constructions à établir en forêt.

Toutefois, il devra s'entendre avec les agents forestiers pour le choix des lieux d'extraction, et se conformer aux conditions qui lui seraient imposées dans l'intérêt du sol forestier.

Art. 45.

Les droits de pêche et de chasse seront, sur sa demande, réservés au concessionnaire, moyennant redevance à déterminer.

Art. 46.

Le concessionnaire aura le droit d'établir, dans le périmètre de son exploitation, tous bâtiments d'habitation ou d'exploitation, hangars, magasins et usines, pour traiter le liége.

A la fin de l'exploitation, l'État aura la faculté de reprendre, à dire d'experts, les bâtiments, les constructions et le matériel, lesquels devront être assurés.

Art. 47.

Sont expressément réservés tous droits d'usage, toutes servitudes et toutes tolérances dont la forêt concédée se trouverait grevée en faveur de tiers.

En conséquence, et jusqu'à décision contraire, les indigènes qui occupent ou cultivent, du consentement du Gouvernement, des vides dans l'intérieur de la forêt, ne pourront être troublés dans leur jouissance par le fait du concessionnaire, et continueront à se servir, pour tous leurs besoins, des chemins ou sources existant dans la forêt, et à jouir, conformément aux règlements, du pâturage et de la glandée.

Le concessionnaire jouira, de son côté, sur les forêts voisines ou les terrains appartenant à l'État, des droits de passage nécessaires aux besoins de son exploitation.

TITRE VII.

REDEVANCES.

—

ART. 48.

Le concessionnaire paye une redevance annuelle et fixe par hectare concédé, et, en outre, une redevance proportionnelle sur les bois d'œuvre.

Le taux de la redevance sur les bois d'œuvre sera déterminé par arrêté du Gouverneur général, en conseil consultatif, le concessionnaire entendu. Le tarif adopté pourra être révisé tous les dix ans, dans la même forme.

ART. 49.

La redevance annuelle par hectare ne sera due qu'à partir du 1er janvier de la dixième année de la concession, et courra jusqu'à la dernière année inclusivement.

Elle portera sur la totalité de l'étendue superficielle comprise entre les limites de la forêt concédée, défalcation faite des terrains réservés aux indigènes ou autres usagers.

ART. 50.

La redevance annuelle par hectare sera fixée par le décret de concession, selon la situation et la richesse de la forêt concédée, conformément au tarif suivant :

CATÉGORIES	PENDANT LES PÉRIODES DE :							
	11 à 20	21 à 30	31 à 40	41 à 50	51 à 60	61 à 70	71 à 80	81 à 90
	fr. c.	fr. c.	fr. c.	fr. c.	fr. c.	fr. c.	fr. c.	fr. c.
1re catégorie	0 75	1 25	1 75	2 25	3 »	3 75	4 50	5 25
2me id.	1 »	1 50	2 »	2 50	3 25	4 »	4 75	5 50
3me id.	1 25	1 75	2 25	2 75	3 50	4 25	5 »	5 75
4me id.	1 50	2 »	2 50	3 »	3 75	4 50	5 25	6 »
5me id.	1 75	2 25	2 75	3 25	4 »	4 75	5 50	6 25
6me id.	2 »	2 50	3 »	3 50	4 25	5 »	5 75	6 50

Art. 51.

Seront exempts de redevances :

1° Les bois d'œuvre employés par le concessionnaire pour ses constructions ;

2° Les branches, débris, perches, rameaux, racines et autres bois à feu.

Les bois nécessaires aux constructions du concessionnaire seront, après vérification de leur destination par le service forestier, délivrés sur procès-verbal régulier ;

3° Tous les bois abattus auxquels le concessionnaire aurait déclaré renoncer au moment du dénombrement.

Dans ce cas, l'Administration aura le droit de disposer des bois ainsi exonérés de la redevance, sans que le concessionnaire puisse prétendre au remboursement des frais d'exploitation, ni à aucune indemnité.

Art. 52.

Le montant de la redevance sur les bois d'œuvre sera établi et payé en suite d'un mesurage au volume réel, d'un dénombrement et d'un procès-verbal contradictoires.

Art. 53.

Le montant de la redevance à l'hectare sera payé par semestre, au 1er janvier et au 1er juillet de chaque année.

La redevance sur les bois d'œuvre sera payée au fur et à mesure de leur exploitation et de leur dénombrement.

TITRE VIII.

CHARGES ACCESSOIRES.

—

Art. 54.

Un terrain de culture de deux hectares, destiné à être affecté en jouissance aux préposés du service forestier, sera, avec l'autorisation de l'Administration supérieure, prélevé sur le sol de la forêt, sur la désignation des agents forestiers, sans que le concessionnaire ait rien à réclamer.

Le concessionnaire sera tenu, en outre, de mettre à la disposition du service forestier une baraque convenable dans l'intérieur de la forêt pour le logement des agents chargés de la surveillance de l'exploitation.

Art. 55.

Le concessionnaire fournira et transportera à ses frais, avant le 1er septembre de chaque année, au domicile de chacun des gardes ou brigadiers de l'État chargés de la surveillance de la forêt concédée, huit stères de bois de chauffage et cent fagots.

Art. 56.

Le concessionnaire sera obligé :

1° A tenir les chemins libres dans les coupes en usance, de manière que les voitures et les bêtes de somme puissent y passer en tout temps ;

2° A faire fouir, niveler et replanter ou réensemencer les places des fauldes ou des ateliers qui ne pourraient plus servir pour les exploitations subséquentes ;

3° A réparer, en général, tous dommages résultant de son fait.

Art. 57.

Sont également à la charge du concessionnaire la construction et l'entretien de tous les chemins ou sentiers muletiers nécessaires pour l'exploitation de la forêt. Ces travaux seront, au besoin, déclarés d'utilité publique.

TITRE IX.

SURVEILLANCE ET RESPONSABILITÉ.

Art. 58.

Le concessionnaire sera tenu de nommer un garde par chaque mille hectares, pour la surveillance de la forêt.

Ces gardes particuliers seront assimilés aux gardes forestiers des particuliers en France, pour les formalités relatives à leur nomination, à leur assermentation, à leurs procès-verbaux, et pour la foi due à ces actes.

Ces surveillants devront être préalablement agréés par l'Inspecteur des forêts, et seront susceptibles d'être révoqués, sur l'ordre de l'autorité préfectorale.

Les gardes devront obéir aux réquisitions des agents forestiers dans l'intérêt des exploitations et de la vindicte publique.

Art. 59.

Le concessionnaire devra renvoyer, à la réquisition du chef du service forestier, tous agents à ses gages qui auraient été condamnés en récidive pour délits forestiers, ou qui n'auraient pas satisfait à une condamnation encourue.

Art. 60.

Il sera solidairement et civilement responsable du payement des amendes, restitutions et dommages-intérêts encourus pour délits et contraventions commis dans la forêt concédée, par toute personne attachée, à un titre quelconque, à son exploitation ou à son établissement forestier.

Art. 61.

Il sera tenu d'avoir un marteau à empreintes triangulaires portant les initiales de son nom, au moyen duquel seront marqués tous les bois d'œuvre sortant de son exploitation.

L'empreinte de ce marteau sera déposée tant au greffe du tribunal de l'arrondissement qu'aux archives de l'inspecteur des forêts.

ART. 62.

Le concessionnaire sera obligé, sous peine de tous dommages et intérêts, d'avertir le service forestier des usurpations qui se commettraient dans la forêt concédée.

TITRE X

SANCTION, PÉNALITÉ

—

ART. 63.

L'acte de concession ne sera délivré au concessionnaire qu'après qu'il aura justifié du versement à la Caisse des consignations d'un cautionnement calculé à raison de 3 francs par hectare. Ce cautionnement sera versé en numéraire ou effets publics ; il sera remboursé sur la production d'un certificat du service forestier, visé par l'autorité préfectorale, constatant qu'il a été exécuté des travaux pour une somme équivalente.

Faute par le demandeur d'avoir justifié de ce cautionnement dans le délai de six mois, à dater de la notification administrative, sa demande sera considérée comme non avenue.

ART. 64.

A défaut, par le concessionnaire, d'exécuter, dans les délais et conformément aux prescriptions du présent cahier des charges, les travaux à lui imposés, excepté ceux concernant la récolte du liége, le service forestier pourra, après une mise en demeure restée deux mois infructueuse, mettre ces travaux en régie, pour les faire exécuter, compléter ou régulariser ; le concessionnaire sera tenu d'en payer le prix, sur la présentation d'un mémoire dressé par les agents forestiers chargés de la régie, visé par le chef du service, et rendu exécutoire par l'autorité préfectorale.

Toutefois, si le retard ou les irrégularités dans l'exécution des travaux étaient attribués à une cause majeure ou imprévue, dûment constatée, le général ou le préfet pourrait, le service forestier entendu, accorder au concessionnaire une prorogation de délai.

En cas de contestation sur la cause de l'inexécution, du retard et de l'irrégularité des travaux, il sera procédé à une expertise contradictoire.

Art. 65.

Toute contravention au présent cahier des charges pourra donner lieu, sans préjudice des poursuites en matière forestière, au payement, par le concessionnaire, de dommages et intérêts au profit du Trésor.

Ces dommages et intérêts seront réglés par experts, et, en cas de contestation, il sera statué dans la forme indiquée en l'article 78.

Art. 66.

En cas d'inexécution des clauses et conditions principales du présent cahier des charges, le retrait de la concession pourra être prononcé.

Art. 67.

Le retrait de la concession sera prononcé par décret impérial rendu sur le rapport du ministre Secrétaire d'Etat au département de la guerre, d'après les propositions du Gouverneur Général de l'Algérie, sauf recours du concessionnaire au Conseil d'Etat par la voie contentieuse.

La proposition du Gouverneur Général tendant au retrait de la concession devra être arrêtée en Conseil consultatif, sur le rapport de l'autorité préfectorale, le service forestier et le concessionnaire préalablement entendus.

La déchéance prononcée n'exonérera pas le concessionnaire des sommes dont, à un titre quelconque, il se trouverait débiteur envers l'Etat au jour où cessera son exploitation.

Tous les travaux et toutes les constructions exécutés par lui demeureront acquis à l'Etat.

TITRE XI

DISPOSITIONS D'ORDRE

—

1re SECTION. — *Formalités diverses*

ART. 68.

Toutes les expertises prévues au présent cahier des charges auront lieu ainsi qu'il suit :

L'un des experts sera nommé par le chef du service des forêts, l'autre par le concessionnaire, et en cas de désaccord, un tiers expert sera désigné à la requête de la partie la plus diligente, par le Conseil de préfecture ou par le Conseil des affaires civiles, suivant le territoire.

L'arrêté du Conseil sera notifié au concessionnaire dix jours, au moins, avant celui fixé pour l'opération.

Si le concessionnaire néglige de nommer son expert, ou si celui-ci ne comparaît pas au jour fixé, la vérification faite par les deux experts présents sera réputée définitive.

Les experts adresseront leurs rapports à l'autorité préfectorale.

ART. 69.

Tout payement à faire par le concessionnaire au profit de l'État, soit pour les redevances, soit pour dommages-intérêts et indemnités, sera effectué à la caisse du receveur des domaines de la circonscription, sur un simple procès-verbal, dressé par le service forestier pour en établir l'origine et le décompte. Une expédition sur papier visé pour timbre et enregistrée en débet, dans les vingt jours de sa date, sera envoyée au receveur des domaines chargé du recouvrement ; une seconde sera remise au concessionnaire, et une troisième déposée aux archives du service forestier.

Ces trois expéditions seront signées par le concessionnaire ou son fondé de pouvoirs. En cas de refus, les motifs en seront indiqués au bas de l'acte.

Les frais de timbre et d'enregistrement de cet acte seront payés par le concessionnaire, en même temps que les sommes principales.

Art. 70.

Les fauldes à charbon, les fosses ou fourneaux pour le brûlement des bois ou pour le dépôt des cendres en provenant, fours à chaux et à briques, les ateliers, loges ou baraques temporaires dans lesquels il pourra être allumé du feu à l'usage des ouvriers ou pour la préparation du liége, ne seront établis qu'après déclaration préalable au service forestier. Celui-ci pourra s'opposer, dans les huit jours, aux travaux, en désignant d'autres emplacements.

Art. 71.

Le concessionnaire sera tenu de résider sur les lieux ou de s'y faire représenter par un fondé de pouvoirs.

Il fera élection de domicile au chef-lieu de la subdivision militaire ou de la sous-préfecture de la situation de la forêt concédée, sinon les significations ou mises en demeure, à lui adressées, seront valablement faites à la subdivision militaire ou au secrétariat de la sous-préfecture.

Art. 72.

Toute notification que comportera le présent cahier des charges de la part de l'administration scra signifiée au concessionnaire par un préposé forestier.

S'il s'agit de quelque opération à effectuer contradictoirement, faute par le concessionnaire de s'y présenter ou de s'y faire représenter au jour fixé, il y sera procédé, lui présent ou absent.

IIe SECTION. — *Garanties de l'exploitation.*

Art. 73.

Le concessionnaire ne pourra céder ou transporter sa concession, en tout ou en partie, sans une autorisation du Gouvernement, mais il lui sera facultatif d'associer à son entreprise telles personnes qu'il jugera convenable, en tant qu'il restera seul responsable, vis-à-vis de l'État, de l'exploitation dans le périmètre qui lui aura été concédé.

Art. 74.

Il est, en outre, interdit au concessionnaire de réunir sa ou ses concessions, pour tout ou partie de leur étendue ou de leur durée, à d'autres concessions de même nature, par acquisition, association ou de toute autre manière, sans une autorisation du Gouvernement.

Tous actes de réunion, opérés contrairement à l'article précédent, seront, en conséquence, considérés comme nuls et non avenus, et pourront donner lieu au retrait des concessions, sans préjudice des poursuites que les concessionnaires des exploitations indûment réunies pourraient avoir encourues par application des articles 414 et 419 du Code pénal.

Art. 75.

Dans le cas de dépossession, pour travaux faits dans un intérêt public, le concessionnaire obtiendra, proportionnellement à l'emplacement occupé, une réduction de la redevance fixe par hectare.

Si la forêt venait à être détruite, en totalité ou en partie, par des incendies ou tout autre accident fortuit, tel, par exemple, qu'une mortalité extraordinaire des arbres, le concessionnaire pourra obtenir, suivant les circonstances, soit une diminution du prix, proportionnelle à la réduction de sa jouissance, soit même la résiliation de son contrat.

Quelle que soit la cause de ce sinistre, le concessionnaire ne sera pas tenu de faire, sur les parties détruites, des travaux plus considérables que ceux qui lui sont imposés par l'article 23.

Art. 76.

Dans le mois de janvier de la dixième année qui précédera le terme de la concession, il sera procédé, par le chef du service des forêts ou son délégué, en présence du concessionnaire dûment convoqué, à la reconnaissance complète de la forêt affermée, pour en constater l'état d'entretien et d'amélioration.

S'il résulte de cette vérification, que le concessionnaire n'a pas

exécuté, d'une manière complète et satisfaisante, tous les travaux
prescrits pour être effectués avant cette époque, il ne pourra plus
faire aucune récolte avant d'avoir complété et parfait lesdits travaux
ou payements, et d'en avoir obtenu du service forestier la décharge
provisoire.

Cette vérification pourra avoir lieu par anticipation sur le délai
ci-dessus fixé, si le fermier le demande.

En cas de contestation, sur les effets de cette vérification, il y
aura lieu à l'expertise, telle qu'elle est réglée par l'article 68.

ART. 77.

La vérification prescrite en l'article précédent sera répétée, s'il y
a lieu, dans les mêmes formes, pendant les six derniers mois de la
durée du bail. Il sera donné, par le Gouverneur Général, décharge
définitive au concessionnaire, s'il est constaté qu'il a rempli toutes
ses obligations.

Pour garantir le recours de l'État, à raison des résultats de cette
vérification, le concessionnaire ne pourra enlever aucun liége provenant de la dernière récolte, ni laisser sortir aucun produit forestier
de ses magasins, avant d'avoir obtenu la décharge ci-dessus mentionnée.

TITRE XII.

COMPÉTENCE

ART. 78.

Les contestations qui s'élèveront entre le concessionnaire et
l'Administration, au sujet de l'exécution du présent Cahier des charges, seront jugées administrativement par le conseil de préfecture du
département où sera située la forêt concédée, ou du département le
plus voisin, sauf recours au Conseil d'État.

Annexé au décret du 28 mai 1862.

PIÈCE N° 9.

Projet de décret sur la conversion des concessions de chênes-liége en propriété définitive.

NAPOLÉON, par la grâce de Dieu et la volonté nationale, Empereur des Français.

A tous présents et à venir, salut :

Sur le rapport de notre Ministre d'État au département de la Guerre, et d'après les propositions du Gouverneur général de l'Algérie ;

Vu l'article 7 de notre décret du 10 décembre 1860 ;

Notre Conseil d'État entendu ;

Avons décrété et décrétons ce qui suit :

Art. 1er. — Les forêts de chênes-liége appartenant à l'État en Algérie et dont l'exploitation est aujourd'hui concédée par bail de 90 ans, pourront être cédées en toute propriété aux titulaires de ces concessions, qui en feront la demande dans un délai de six mois à dater du présent décret.

Art. 2. — Cette aliénation n'aura lieu qu'après distraction des parties de chaque lot de concession qu'il sera reconnu nécessaire, soit d'attribuer aux populations indigènes, en échange des droits d'usage et des enclaves qu'elles possèdent dans la forêt, soit de réserver pour en doter les ouvriers à établir ou fixer sur les lieux.

Art. 3. — En ce qui concerne les forêts de chênes-liége qui ont été incendiées antérieurement au présent décret, il sera fait cession gratuite, aux concessionnaires, d'une partie de la propriété correspondant au montant de leurs pertes en capital dépensé ou restant à dépenser, laquelle partie sera déterminée après entente avec les intéressés.

Art. 4. — Les portions de lots restant après les prélèvements et cessions indiqués ci-dessus, pourront être acquises par le concessionnaire, à prix débattu.

Art. 5. — Notre Ministre de la Guerre et le Gouverneur Général de l'Algérie sont chargés, chacun en ce qui le concerne, de l'exécution du présent décret.

Fait à   le